10%《パーセント》の奇跡

小さな会社でも
GAFAに勝てる
7つのステップ

Brad Schmidt
ブラッド・シュミット

晴山書店

はじめに

この本を手に取っていただき、ありがとうございます。

この本を書くにはきっかけがありました。ある友人が私のオフィスを訪れたとき、こんな問題を私に投げかけてくれたのです。

「誰にでもできて成果が出る、確実なビジネスの方法はあるのか」。

私はこういう率直な疑問が大好きです。それに、大きなことをして失敗するより、できればあまり力まず、無理をせず、それでも成果を出したい。これは誰でも思うことですね。コンサルタントである私は、この疑問に答えられるのではないかと思いました。さらに友人ばかりでなく、世の中に答えを広めることは役に立つのではないか、また職場で無理を強いられている人たちの味方にもなれるのではないかという思いがだんだん募ってきて、ついに本にしてお伝えするというチャレンジに踏み出したのです。

まずは、少し自己紹介をさせてください。

私は20年以上にわたり、日本と海外の多くの企業にビジネス成長のためのコンサルティングを行ってきました。簡単に言えば、顧客企業の状態に即して具体的な改善策を立案し、実行するお手伝いをする仕事です。この活動により、**ほとんどの顧客企業が30パーセント以上の業務効率化**を成し遂げ、その多くの企業で**従業員の皆さんがいきいきと働ける**、今でいう「働き方改革」が実現しています。

これは大手ビジネスコンサルティングファームでもなかなか成し遂げられないほどの成果だと自負しています。それができたのは、「**MAKOTOメソッド**」と呼んでいる、企業成長のための独自の具体的ステップを明らかにできたからです。

コンサルティングの提供先企業は大手から中小・中堅まで規模はさまざま、業種も業態も多様ですが、「MAKOTOメソッド」の改善ステップを着実に踏みながら、少しずつでも前に進むことを続ければ、どのような会社でも業績が確実に上がります。

改善ステップは、どんな会社でも実行可能な7つです。それぞれのステップは、これまでのやり方を見直して、少しだけでも前進することを目指すものです。革新的なイノベーションなどというかっこよさはありません。ただ各ステップで着実にできることを改善し（必ず100点満点をとらなくてもよいので）、**今までより10パーセントだけ良くする**ことができれば、最後のステップ終了時には業績が倍増しています。

本当かとお思いですか？　ちょっと計算してみましょう。10パーセントの改善ができると、従来の実績の1・1倍になりますね。最初のステップで1・1倍になれば、次のステップではその1・1倍になります。次のステップでも同じです。これを7回繰り返すと、1・1の7乗になりますから、およそ1・95倍、すなわち約2倍になります。

この方法論を発見できたときの喜びはとても大きく、自分の心に秘めておくのはもったいない、誰かに伝えなければならないという強い思いに駆られました。

世の中には、業務効率化やビジネス成功に関わる哲学や方法論が実にたくさん流布しています。それらに沿って具体的な活動を指南するコンサルタントも多く、優れた方法論は時にブームを巻き起こしながら、さまざまな企業が応用してきました。それらは成功をもたらすことも多い半面、方法論がそぐわない企業ではむしろコストがかかりすぎたり、従業員の離反を引き起こしたりすることもあり、結果として思ったほどの効果が上がらない場合も少なくはありませんでした。

私は海外でも日本でも、そのような成功と失敗を数多く見てきた一方、その成功と失敗の要因を考察しながら、自分自身でお客さまの成功への道筋を見つけようと、常に仕事現場に入り込み、現場の皆さん、管理職の皆さん、そして経営層の皆さんの希望や夢、現実的な課題の数々、時には愚痴や不平不満をうかがってきました。そしてすべての関係者の方々が、より豊かで楽しく生きていくためにはどうすればよいのかを、ひたすら考え続けてきた結果、その会社だけが豊かになればよいわけではなく、その会社にとってのお客さまである取引先や消費者、そして協力企業、ひいては業界、さらには**社会が豊かになるようでなければ、本当に幸せな企業にはなりえない**と思うようになりました。

そんな企業があるのかとお思いかもしれませんが、いま、世界を席巻しているいわゆる「GAFA」、すなわちグーグル、アマゾン、フェイスブック、アップルの各社は、そのような存在にかなり近いのではないかと思います。彼らの総売上は70兆円をはるかに超えています。

これら各社に共通するのは、強大なITインフラを利用したサービスプラットフォームを作り上げたことです。そのプラットフォームにより、それまで誰も経験したことのない新しいサービスが続々と生まれました。彼らのサービスは、個人の消費生活を変革し、同時に他の企業のビジネスを大きく転換させてきました。モノの所有からサービスの利用へのパラダイムシフトが起こり、積極的に活用する企業は彼らのサービスを利用した「ゲームチェンジ」を喜び、既存のビジネスを守ろうとする側は彼らを「ディスラプター（破壊者）」と呼び、大きな脅威を感じています。いずれにしても非常に大きな社会的影響力をもつようになりました。GAFAは社会に新しい価値を提供し、今までよりも豊かな生活や効率のよいビジネスを実現可能にすることで成長したのですね。

またGAFAにはもう1つ共通する一面があります。それは従業員満足度が高いことです。上り調子の企業だからというだけでなく、働きやすい環境づくりに腐心し、客観的で公正な成績評価を行っていることがその大きな理由でしょう。パートナー企業の満足度はどうかといえば、こちらは批判もあるのですが、日本を含めアジアの製造業者を中心に、世界を経済的に広く潤していることは事実です。

だからといって、GAFAに見習ってプラットフォーマーを目指そうとか、組織形態や事業領域を近づけようとか言いたいのではありません。会社にはそれぞれに似合ったスタイルがあるので、それを見つけましょうと言いたいのです。

さて、ビジネスにおいて「勝つ」とはどういうことでしょうか。売上や利益で相手を上回ることばかりが「勝つ」ことではありません。**相手以上の価値を社会に提供できて、従業員が十分に仕事や報酬に満足して笑顔でいられる**ことのほうが重要ではないでしょうか。その視点から見れば、たとえ**従業員が数人の会社であっても、GAFAに「勝つ」**

ことができるのです。

ＧＡＦＡ以外にも市場の独占・寡占化を進める企業はいくつもありますが、そうした企業はニッチな領域には手を出しません。投資効果が15パーセント以下のビジネスにもあまり興味を持ちません。また投資の回収が数年後になるようなビジネスにも（自社内のプロジェクトは別ですが）関心がありません。これらの領域は、**日本の中小・中堅企業が特に強い領域**ではないでしょうか。小さい会社であっても、そうした領域では確実に彼ら以上の価値を提供することができます。またＧＡＦＡ以上に従業員が安心して仕事に邁進し、いつも笑顔でいられる職場をつくり出すことも、もちろん可能です。

ただし、これまでの日本市場での成功経験に基づいたビジネスを繰り返しているだけでは、なかなか勝つことは難しいでしょう。日本の伝統的な会社組織や企業文化には、海外にはないよいところがたくさんあります。一方、欧米の組織や企業文化には日本にはなかなか見られない合理性が高く効率的な部分が多いと思っています。どちらがよい、悪いではなく、どちらのよさも生かしたビジネスのありかたを考えることが重要です。

実際に日本の経営者やマネージャークラスの方々は、現状のビジネスを変革したいと思っていても、どこから着手すればよいのかわからずに悩んでいる場合が多いようです。

そんなとき、わかりやすい目標は売上や利益の拡大です。

本書では、**どんな会社でも実行できる7つのステップ**を通して、売上や利益を倍増させる方法をお伝えします。この7つのステップは、それぞれただ10パーセントの改善を目標にするものです。「ちょっとした改善」を順序正しく、適切に実行していくことにより、成果は指数関数的に向上します。これが「MAKOTOメソッド」の特長です。

どんなに素晴らしい改革案でも、実行できなければ意味がありません。また、多くの投資が必要な改革案を立てるほど、不調に終わった場合の損失は大きくなります。リスクを最低限にして、着実に効果を手にしていくほうが合理的であり、実現可能性は高くなります。この方法論は、大企業にももちろん適用できますが、中小・中堅企業にはよりなじみやすいのではないかと考えています。

次ページに示すのが、本書で説明していく7つのステップです。それぞれのステップを1つの章として、本文で詳しく紹介していきます。

2021年5月　株式会社マコトインベストメンツ代表　ブラッド・シュミット

	内　容	業績の改善率
Step1	ムダを発見し、削減しよう	1.1 倍
Step2	本音が言える企業文化をつくろう	$1.1^2 = 1.21$
Step3	仕事を「見える化」しよう	$1.1^3 = 1.331$
Step4	助け合いがしやすくなる仕組みをつくろう	$1.1^4 = 1.4641$
Step5	お客さまの課題を発見しよう	$1.1^5 = 1.61051$
Step6	提案が通る営業スキルを養おう	$1.1^6 = 1.771561$
Step7	新しい仕事にチャレンジできるようスキルアップを展開しよう	$1.1^7 = 1.9487171$

▲業績倍増を目指す７つのステップ

目次

Step 1

ムダを発見し、削減しよう

「ムダはない」はずの会社でも1〜3割のムダが潜在

売上や利益の倍増を目指す7つのステップの最初は「ムダを省く」ことです。きっと「そんな当たり前のことはこれまで散々やってきた」とお考えのことでしょう。オフィスであれ工場であれ、業務現場の管理職の方は長年の間、業務プロセスからムダを排除しようと頑張ってきていますから、「この現場にムダなどない」という思いが強いのです。しかし、ムダがまったくない現場などありません。私の経験では、多くのケースで**10パーセントから30パーセント以上ものムダがあります**。そして**そのムダは排除できる**ものなのです。管理職の方がそれに気づいていないのが問題です。

眼の前にムダがあっても気がつかないのはなぜでしょうか。例えば、会社の経営層や管理職の人なら、余計なコストとなっているものだけがムダだと考えがちです。製品の不良率が高いとか、仕入れや製造のコストが高いとか、キャッシュフローが悪い、リードタイムが長い、そのうえお客さま満足度が低いというような、会社の利益を直接低くする要因は何なのかを探ることに熱心です。それは当然のことですし、数字として把握しやすい部分でもありますから、いろいろなムダが見つかります。そうしたムダに対し

会社側（利益が減るもの）
不良率
高いコスト構造
流動比率（キャッシュフロー）の悪さ
長いリードタイム
低いお客さま満足度
ム　ダ
従業員側（喜びが削がれるもの）
やり直しの多さや、気をつかう仕事
ダラダラした会議
面倒なレポート
全体の中で自分の仕事が見えにくい
モノや情報が見つけにくい

図１　会社側から見たムダと従業員から見たムダ

て、例えば仕入先を変えたり、不良率を低くするために製造工程を見直したり、業務プロセスを組み換えたりと、おそらく種々の対応をとってきているでしょう。

　ところがムダはそのようなものばかりではないのです。図1に示すように、現場の従業員の視点でみると、まったく別の種類のムダがあることに気づきます。従業員が費やす時間と、仕事にポジティブに向かい合うことを難しくするような心理面での問題が、現場の効率性や生産性を阻害しています。その影響は、管理者が考えている以上に大きいのです。

管理者として、あるいは経営側としての視点でのムダを意識することも重要ですが、従業員側の視点からのムダを、同様の重みで考えてみる必要があります。

物流倉庫での工夫で作業時間を半減

わかりやすい例をあげましょう。ある物流会社の倉庫業務では棚からピックアップした商品をトラックに積む業務があります。そのまま積むのではなく、一度ピックアップした商品をカウントしたりチェックしたりする作業がありますから、商品をいったんどこかに置かなければなりません。しかし、この現場には作業スペースがほとんどないため、フォークリフトが行き来する通路に商品を直置きして作業するのが常態でした。

従業員は通路に置いた商品にかがみこんで、足腰に負担がかかる無理な姿勢での作業を強いられていましたし、作業中はずっとフォークリフトや人の通行に気をつけていなければなりません。このような作業を好んでやりたがる人はいませんね。嫌でもやらなくてはならない仕事にはモチベーションを保ち難いのが人間です。肉体的な負担と危険、周囲に常に気を使わなければならない心理面での負担が、作業への意欲を低下させた結果、作業に時間がかかって商品が倉庫内に滞留する時間が長くなっていました。

この会社では、そのムダに気がつくとすぐに対策をとりました。といっても倉庫の改修のような大掛かりな対策ではありません。まずは倉庫のレイアウトを工夫し、通路とは別に作業エリアを設けました。そのうえで、商品はパレットに載せた状態で移動し、チェックなどの作業はパレットに商品を載せたまま実施できるようにしました。パレットの高さも従来よりも高くして、かがみこまずに作業できるようにしたのです。これにはそれほどのコストもかからず、対策に要した時間もわずかでした。

それにもかかわらず、商品の移動距離を短縮し、作業がしやすくなり、通行の妨げになることもなく、作業者の安全を確保できるようになりました。見た目にも、従来は滞留品が積まれていた通路のスペースが空いて、すっきりと整頓された倉庫になりました。

数字の面では、**商品1個あたりの搬送・チェック作業時間が304秒から122秒にまで短縮**できました。以前よりもたくさんの商品を捌くことができて、滞留を起こさないようになり、生産性が上がりました。

またその一方で、スタッフが無理な姿勢をすることなく、スムーズに作業が行えるようになり、作業上の危険も少なくなりました。サクサクと作業が進むのは気分的にも快いものです。

この例では小さな工夫で生産性を倍以上にできましたし、従業員が働く環境を安全にすることに成功しました。従業員は「危険でつらい仕事」から解放されると同時に、業務がスムーズに遂行できる快感も得ることができました。このように、ムダを省いて効率を上げることには、次章以降で説明する「心理的安全性」を高めることにも寄与し、従業員の士気を高める効果もあるのです。「この業務にムダなどない」とかたくなに構えてしまうと、業務効率化や生産性向上のチャンスをみすみす見逃すことになってしまいます。まずは「ムダに気づくこと」が大切なのです。

営業部門の小さな改善で売上が31パーセント向上

もう一つの例を挙げます。ある会社の営業部門では、なかなか営業の業績が上がらないことに悩んでいました。そこにはさまざまな問題がありました。なかでも問題が大きかったのは事務作業の多さです。進捗報告や情報共有のためには所定の日報／月報や各種報告書、共有用の資料作成などの作業が欠かせません。また交通費などの経費精算をはじめとして毎日の申請が必要な書類作成も必要です。そうした作業のせいで、本来の役割である客先訪問に割ける時間が圧迫されていました。

しかも、事務作業にそんなに時間を費していても、営業スタイルは個人プレーが多く、成功事例や失敗事例の共有がなされていませんでした。営業会議の際にも、正確な進捗情報が十分に共有されないことがありました。なかには事務作業の多さを理由にして、商談に出かけることを嫌がるスタッフもいました。これでは本末転倒です。事務作業は商談をはじめとする営業実務をサポートするための副次的な作業であるはずです。

そこで事務の専門部門と協力し、営業部門のスタッフが自分でやらなくてもよい事務作業は専門部門が担い、**事務作業の労力を徹底的に軽減**することに取り組みました。営業部門としてムダだと思われる部分は可能な限り事務部門に移行した結果、**営業の商談時間は3ヵ月で約1・7倍に増え**ました。また営業会議が単なる進捗の曖昧な報告に終始するのではなく、事例の詳細な発表の場や、業績改善のための議論の場とできるようにする工夫もしました。営業の進捗状況を大きなボードに貼り出して、部門内の誰もが簡単に確認できるように視覚化して、**問題点や改善策をいつでも話し合える環境づくり**もしていきました。この結果、部門内のコミュニケーションは格段に活性化していきました。こうした取り組みには、ほとんどコストがかかっていません。ただ私のコンサルティング費用と、改善のためのミーティングなどに費やした時間だけでした。それなりのに、その年の**売上は、前年比31パーセントの伸びを記録**しました。お金をかけずに、小さな工夫だけで大きな成果を得ることができたわけです。

ムダとは、従業員の喜びを削るもののこと

これらの事例からわかるように、管理者が数字として把握できるムダ以外に、従業員に肉体的にも精神的にもかかっている無形のムダを把握し、それをなくす取り組みが重要です。これは実は、同じことを違う視点から見ているのです。作業コストが高いとか、リードタイムが縮まらないとか、不良率が高いなどという、会社の側から見たムダは、突き詰めれば、作業環境の問題であったり、現場の業務プロセスの問題であったり、従業員のモチベーションの問題であったりすることがほとんどです。従業員の側から見れば、ムダというのは自分やチームの喜びを削ぐもののすべてと言い換えることができるでしょう。

仕事をしていてイライラする、やり直しが多い、周囲に気を使いすぎてしまう、必要な道具や資材などを探すのに時間がかかる、何かをするのに承認が必要で面倒だ……そんな現場のスタッフの少し漠然とした不満は、おしなべて仕事に内在しているいろいろ

なムダが原因です。

　逆に言えば、喜びが削がれる原因を取り去り、不満を解消することができれば、従業員はいきいきと、楽しく働くことができます。それが管理者が気にする不良率やコストなどの問題を解決することにつながり、ひいては業務効率化、生産性向上に導いてくれます。**「ムダを削るのは、みんなの喜びを削るものを取り去ること」**だと考えるとよいと思います。これにより、職場はより活性化していきます。

業務に内在するムダの正体は？

　ムダの定義と、それに対する基本的な考え方は以上のとおりですが、少し抽象的すぎるかもしれません。もっと具体的にムダとは何かを考えてみましょう。仕事を人とモノの観点から見るインダストリアル・エンジニアリング（ＩＥ）では、次ページの表1のように**ムダを7つに分類**しています。著名なトヨタ生産方式でもこの分類が踏襲されています。

　表1に見るように、ムダは「モノに関するムダ」と「人の動きに関するムダ」に大分

モノに関するムダ
不良のムダ
在庫のムダ
運搬のムダ
加工のムダ

人の動きに関するムダ
動作のムダ
手待ちのムダ
つくりすぎのムダ

表１　７つのムダの分類

類されます。例えばモノづくりの現場では、モノの状態は「加工されている」「検査されている」「運搬されている」「（どこかに）置かれている」という４つしかありません。また人の動きの状態は３つで、「実際の作業（正味作業）」「準備・片付け」「待機」だけです。そのようなモノと人の状態に分解して考えて、どのような状態のときに従業員の喜びが削がれているのかを突き止めることが肝心です。では、７つのムダの詳細を見ていきましょう。

モノに関するムダ

① 不良のムダ

業務プロセスの流れを滞らせる最も大きな要因は「**手戻り**」です。手戻りとは、前工程で何らかの原因で生まれた不良品が、次の工程に流れてきたとき「この仕上がりでは担当の業務プロセスを完遂できない」と判断してやり直すことです。つまり業務プロセスの流れを逆流させることですね。これが生じると、自分のプロセスも止まりますし、正常に流れている前プロセスをいったん止めてやり直し作業を割り込ませることになります。

手戻りの原因は、前工程の**作業品質**が悪かった場合もあれば、揃っているはずの**情報（伝票、説明書、品番その他）が含まれていない**こともあります。**欠品**や、**誤発注**、**誤出荷**などのミスも、ときには発生します。これらすべてが「不良」となり、手戻りとなってしまいます。工程が一つ前の段階に戻るわけですから、すべてのプロセスに大きな影響を与えます。これはまず最初になくすべきムダです。

また、発見したらすぐに対応することが肝心です。なぜなら、連携する業務プロセスの後工程になればなるほど、対応・処理コストが大きくなるからです。一般的には、不良を発見するタイミングが1工程あとになると、コストは10倍になると考えなければなりません。

製造ラインでの手戻りは想像しやすいと思いますが、普通の事務作業でも同様に手戻りは生じます。次ページの図2に文書作成のケースを示しますが、文書の入力工程で文字や数字を校正して間違いを発見して入力のやり直しや修正をした場合なら、100円のコストで済んだものが、次の書類作成プロセスで不良に気づくと、その前のプロセス

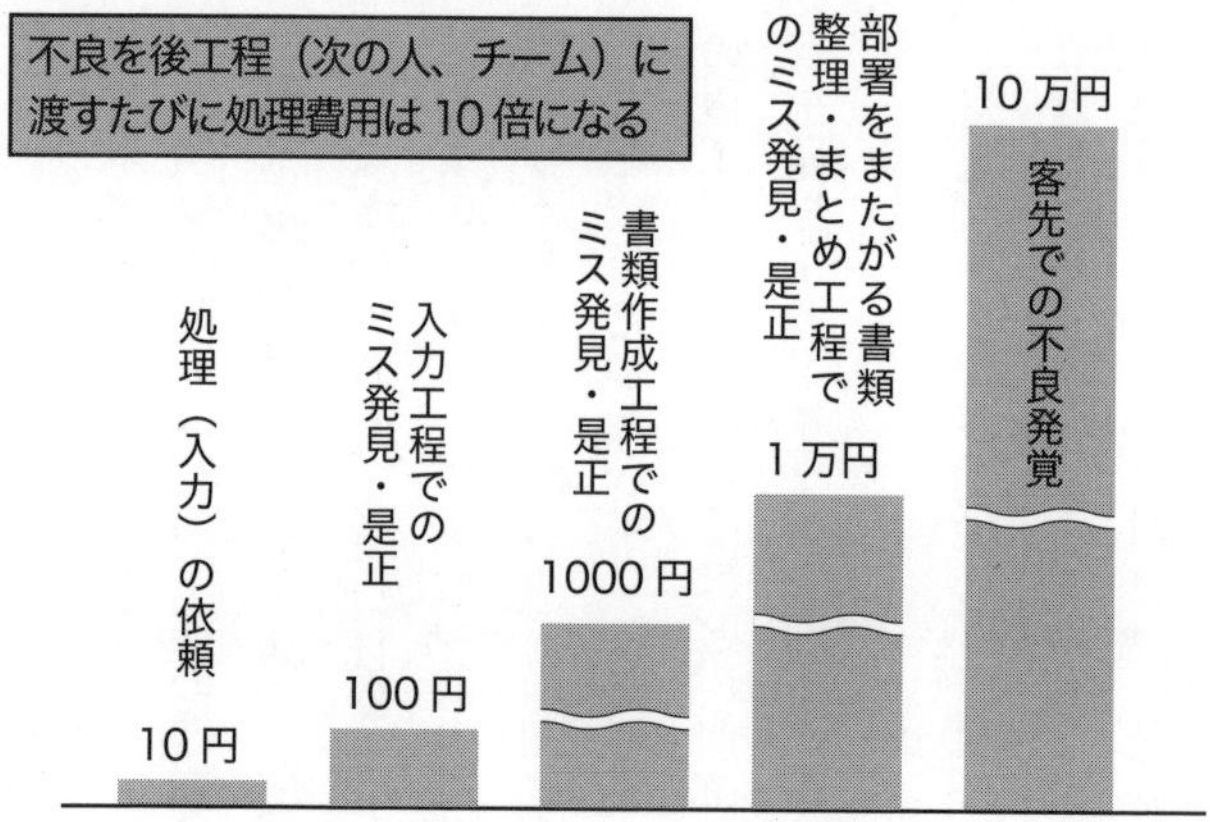

図2　不良の発見タイミングで変わる処理コスト
（書類作成のケース）

で手直しをする担当者のアサインや、書類作成プロセスに流れたときの担当者のアサイン、訂正指示、管理などの手間が、実際の手直し以上にかかることがあります。その結果、10倍以上にコストがかかることがあります。

最悪なのはお客さまに納品したあとで不良が発見されることです。入力工程でミスに気づき訂正した場合なら10円もかからないようなことでも、発見が遅れると10万円かかってしまいかねないというわけです。

図2ではプロセスが3つしかありませんが、もっとプロセスが重層化していたり複雑だったりすると、さらにコストが膨れ上がってしまいます。

②在庫のムダ

在庫は一般的に材料、仕掛《しかか》り、そして完成品と区別できます。在庫はあまり持ちたくない（お金をたくさんかけて経営したくない）というのは今では当たり前ですが、なぜ、在庫が発生するのでしょうか。在庫はある意味「保険」です。何か問題が起きたら在庫があれば何とかなるという考えが裏にあります。では、在庫を持つ理由を少し詳しく考えてみましょう。

材料・素材　すぐに欲しいときに必要なモノを持ってきてもらえないから。サプライヤーから安定した供給が困難な場合、つまりサプライヤー関係の問題に対する保険です。

完成品　お客様がこちらがつくれるタイミングよりも早く欲しい、あるいはこちらがつくれる量よりも多くほしいと望まれたときに対応するため。つまり、お客さまの側の事情による問題に対する保険です。

仕掛り　社内のスキル、スケジュール管理、レイアウト、組織の指示系統などが十分合理的でないために、やむを得ず生じる在庫です。これはつまり「自社内の問題をカバーする保険」です。お客様や供給先の問題はなかなか改善できないので、最初に取り組むべき点は「自社の問題から出る仕掛り」です。

サービス業の皆さんは「サービスだから在庫のムダはない」と考えるかもしれませんが、サービス業にも仕掛りはたくさんあります。完成していない仕事は全部仕掛りですから、社内稟議が通っていない提案書や計画書などにまつわる作業は在庫と考えてよいでしょう。まだ開催されていないセミナーや会議の予定などに関する仕事や、集められるだけ集めて事業にまだ活用できていない情報も在庫の一種でしょう。

こうした在庫のムダは全業種に必ずあります。そして共通するのは「力がついてきたら保険（在庫）は下げられる」という事実です。倉庫の商品の在庫や、現在仕掛かっている仕事、それに必要な資料、消耗品、予備部品、資料などは減らせるだけ減らす必要があります。最小限の道具を使って、在庫を最適な量にとどめ、また仕掛りの仕事を速く仕上げることが重要です。

なお、私が20代の頃には、在庫削減を目標の一つに掲げたトヨタ生産方式が海外でも注目されており、日本人講師と、現地の「カイゼン」（カイゼンは改善のことで、日本流のボトムアップ型経営改善の仕組みのことを指しています）学習者との間に入り、通訳の仕事をしていました。通訳をしながら、トヨタ生産方式の実際と、それを米国企業がどのように受け入れるか、または受け入れられない部分はどこかをつぶさに見ることができました。この経験が、卒業後にコンサルタントとなる動機の一つになりました。トヨタも踏襲しているムダの考え方を、どんな業種にも**汎用的に応用**できる形でお伝えするのが現在の私の仕事の一部になっています。

③ 運搬のムダ

付加価値のない移動もすべてムダです。例えば、仕掛り製品の仮置場に余裕がなくなり、別の仮置場に移動するのはムダですね。また、日常的に対面コミュニケーションが必要な人や、一緒に作業する人との距離が離れていると、その人のところに行くまでに時間がかかってしまいます。各種の書類の配布などのために部署間を移動するような作業も、移動それ自体は価値を生み出しません。これはオフィスや工場のレイアウト設計から見直す必要があるかもしれませんし、書類を電子化するだけで解決するかもしれません。いずれにせよ、よく考えれば解決可能なムダであるはずです。

④ 加工のムダ

モノに対する加工や、情報に対する加工が付加価値を生み出すのですから、加工のムダは業務プロセスに内在するムダと言い換えてよいでしょう。業務プロセスが本当に必要なプロセスで構成されているかどうかを再点検する必要があります。特に歴史ある企業では、ただ従来の業務プロセスを踏襲しているだけの、**形骸化した業務プロセス**が残っていることも多いものです。

例えば稟議書、報告書、各種伝票などを確認したしるしに複数人がハンコを押す慣習が今でもまかり通っていますが、そもそも紙を使うムダ、ハンコを押す手間と押されるのを待つ時間、書類を提出したり移動したりする時間のムダは明らかです。電子化した承認ワークフローにより簡単に解決可能なのに、旧来の業務スタイルを踏襲してしまう保守的なところが、現場や現場の管理者、さらにその上の直接現場にかかわらない上級管理者にもあります。

2020年のコロナ禍による出社制限の際、捺印や紙書類での作業のためだけに出社するケースが多くの会社で見られました。その反省からペーパーレス化を進める企業が多くなった一方、出社制限解除後に、元どおりの伝票などの運用に戻した企業もありました。きっかけさえあればムダなプロセスを合理的で生産的な形に改められる企業と、旧来のプロセス踏襲による安心感や安定感を重視するのはよいのですが、なかなか業務効率や生産性を上げられない体質の企業との違いが明らかになったように思います。

　それはともあれ、一般的に言えば、とりあえずまとめておく情報、ファイリングはしておくものの再利用されない書類、いたずらに複雑化した管理方法、さらに意思決定が何もできない形だけの会議などなど、ムダを排除する観点で考えてみれば、必要のない業務プロセスや慣習はたくさんあるはずです。

　慣習とは、言葉を換えれば社内に古くからある業務ルールのことです。明文化されていようといまいと、業務の決まりごとはたくさんあります。大切にすべきルールも多い一方、過去に何らかの問題が起きたときに解決策として作成した業務ルールが、外部環境や内部環境の変化によってもはや必要がなくなっているのに「慣例だから」と守られている場合があります。目的が忘れられて「ルールがあるから実行している」だけになっているケースです。必要なルールなのかどうか、目的に立ち返って検討する必要があります。

　しかし、そうは言っても業務プロセスやルールの中に内在しているムダを発見するのは簡単ではありません。コロナ禍は皮肉にもムダな出社やアナログな業務の非効率性の一面を明らかにしましたが、裏を返せばあのようなほとんど強制的な出社制限がなければば従来業務の非効率性に気がつかなかったわけです。外部要因が何もないとムダを発見するきっかけはなかなかつかめないのです。

そのようなときに外部のコンサルタントに意見を聞くのは有効な方法です。これまで主に大企業ではＥＲＰ（統合業務システム）の導入をきっかけに大規模・広範囲な業務分析を行い、従来の業務プロセスを整理し、ＩＴシステムを使って効率的な業務プロセスに変革していく取り組みが行われてきました。これにはビジネスのコンサルティングと、それに密接にかかわるＩＴコンサルティングサービスを利用しながら、数ヵ月から1年以上もかけた業務分析が行われます。その過程で、ムダな業務プロセスが数多く発見され、整理されていくのが普通です。大企業では業務そのものが多いばかりでなく、歴史的に業務ルールが積み上げられてきたことから、多くのムダなプロセスが見つかります。そのムダをなくすことで生産性を倍増できたケースも多々あります。中小・中堅企業ではＩＴ投資余力がない場合も多いのですが、業務プロセスの整理と再構築をするだけでも生産性は大きく改善できる可能性が十分にあります。

ＩＴツールの話のついでに、ここ数年で導入ブームとなったＲＰＡ（Robotic Process Automation）についても触れておきましょう。これは、従来人間がパソコンを使ってやってきた、入力、コピー&ペースト、データ照合、定型的な計算処理などの単純・繰り返し操作を、ソフトウェアロボットに肩代わりさせるツールです。ロボットは24時間365日休まずに働きますし、操作スピードは人間よりもはるかに高速です。しかも業務手順を間違うことがありません。このようなツールを利用することも、ムダの削減に役立つのは間違いないでしょう。ただし、RPA導入が失敗に終わっている例も決して少なくないのが実態です。単に人間が行ってきた作業を自動化しただけでは、それ以上の効果はありませんし、逆に正しく処理が行われなかった場合の対応や、結果の人間による確認のための負担が増し、導入・運用コスト以上の成果が出せないことも多いのです。やはり業務の見直しとムダなプロセスの排除を先に実施して、適切な業務に上手にツールを適用しなければ効果は限定的です。

従来は、ITツールを導入したり自社開発することが、業務効率化の近道だと考えられてきました。しかしITシステムによる自動化を行う前に、整理できる業務プロセスが多いことに注意してください。業務プロセスに内在する問題は、ITを使わなくとも解決可能な部分が多々あります。特に中小・中堅企業、あるいは大企業の特定部署の業務現場にはそんな部分がたくさんあります。この本では、そうした部分に焦点を当て、詳しく述べていきます。

人の動きに関するムダ

⑤ 動作のムダ

人の動作で製品や仕事に付加価値を与えないものはすべてムダです。よく「アレがない」と常に探しものをしている人がいますが、その動作一つひとつがムダです。例えばパソコンやファイルサーバーから目的のファイルを探し出すのにかかる時間、お客さまやパートナー企業とやり取りをしたメールを特定するのにかかる時間、業務に使う道具を探す時間、資料を取り揃えるための時間などがムダです。よく整理して、必要なものの所在がすぐにわかるようにするだけで、これらのムダは即座に排除できます。

⑥ 手待ちのムダ

ある業務の前工程でプロセスが滞っている場合や、材料・資料・情報などが工程開始前に揃わないために手がつけられないことも起こりがちです。**プロセス間で待ちの状態が長いと、生産性に影響する**のは当然です。例えば、お客さまから仕事の発注はもらったけれど、スケジュールが立てられていないので動けない、上司の決裁を待っている、作業場所が混んでいて、空くまで待っている、必要な情報が届くのを待っている、材料や資材が予定どおりに届かずに始められないなど、さまざまな要因で待機時間が生じます。また、現場で前工程のチームに少し自分が加勢すれば待ち時間を縮められるのに、「自分の仕事じゃないから」と傍観している人もいるかもしれません。こうした手待ちの状態は、積み重なると大きな時間のロスになっていきます。

もちろん、仕事が進められないからといって、指をくわえて待っている人はそうは多くないでしょう（コロナ禍での在宅業務ではもしかしたらそんな人もいたかもしれませんが）。他の仕事を進めようと切り替えようとしますが、なかなかそううまくはいきませんし、思うように区切りがつかないと、イライラしますよね。

⑦つくりすぎのムダ

「つくりすぎ」とは「**必要とされる以上にモノや情報をつくったり、加工・処理しておいたりすること**」です。製造業の方はピンとくるでしょうが、オフィス業務が主な方には少しわかりにくいかもしれませんね。

例えば、次の担当部署が処理するスピード以上に早く仕事をしてしまったり、経理がスムーズに処理できる量以上の書類などを月末に提出したりすることが、全体効率を低下させる場合があるのです。それをしてしまう人はそれがよいことであると思っていることが問題です。もしみんなが同じようにしたら社内は在庫の山になってしまいます。

お気づきになったかもしれませんが、つくりすぎはここまで説明した他の6つのムダが全部増えることにつながります。例えば案件を決裁する会議があるとします。会社の処理能力として毎日3件しか決裁できないのに、私が頑張って5つの案件を用意したとします。どういう状況になるかを考えてみましょう。

① 仕事が溜まっているのがわかると人はプレッシャーを感じます。そうなるとミスをする確率は上がりますね。不良のムダが増えます。

② 3案件しか処理できないので他の2つは仕掛りとなります。在庫のムダが増えます。

③「5つのうち、どの3つを先にするのか優先順位をつけてください」と頼まれれば今までなかった管理の仕事が増えます。つまり作業そのもののムダが増えます。

そのほかにも処理を待ったり、増えた案件の整理をしたりなど、つくりすぎをするとムダがたくさん増えることがわかりますよね。

もう一つのムダ＝人の才能を生かさないムダ

海外企業や外資系の企業ではよく「８つめのムダ」という言葉が出ます。それは何かというと「人の才能を生かさないムダ」です。

例えば「君はこの仕事だけやっていればいいんだ」と部下に命じる上司がいます。これはいけません。もちろん自分の仕事を決められたとおりにこなすことは大事ですが、それ以上のことは考えるな、やるなというように制限を設けるのは、特に日本の従業員に対してはストレスになります。またその人の才能が開花する機会をみすみす逃すことにもなります。

どんな人にも強みがあり、生まれ持った才能や培ってきた経験があります。それが付加価値を生む可能性はおおいにあるにもかかわらず、それを生かすための道を塞ぐことは、将来的に生産性の発展を大きく阻害することになります。

日本の経済成長の黄金期は、トップのリーダーシップの強さというより、現場の従業員の発想力や、自分の本来の職域を越えても仕事をよりよくやり遂げるための工夫をするメンタリティによってつくられたところが大きかったと思います。もともと日本人にはそんなひたむきな生真面目さがあるのです。

しかし管理者の側に、従業員の強みを生かす発想がないと、仕事の目的や理由を理解させないままに単純作業をさせることがあります。また、部下がたとえ業務プロセス改善のアイディアをもっていたとしてもそれを管理者が聞き取る機会をもたない場合もあります。本当は部下が自分で何かの意思決定により合理化・効率化できる部分があるのに、権限が与えられていないので実行できないというケースもあるでしょう。これは明らかに「宝のもち腐れ」ですね。たいへんもったいない、ムダなことだと思います。

また、新しい発想や視点をもつことは、少し余裕がなければ難しいことです。あまりに仕事量が多すぎる職場、大量のルールや規則でがんじがらめの職場では、新しいアイディアを生むことができません。また、部下が思い描くキャリア像、仕事のゴールと、会社が設定しているものとが一致しないこともあります。部署を異動すれば大きな力を発揮する可能性があるにもかかわらず、その可能性に目をやることもなく、現状の職場に封じ込めてしまうようでは、実に寂しいことだと思います。

「一番優秀な人」をチームから外すとムダが可視化する

では、こうしたムダをどうやったら見つけ出すことができるでしょうか。私がお勧めしているのは、かなり思い切った方法です。

それは「**チームの中の一番優秀な人を外す**」という策です。これは、トヨタ生産方式の普及に大きな役割を果たした故・原田武彦さんの著書『モノの流れをつくる人』（日刊工業新聞社、２０１３）からヒントをいただいたものです。

一般的に、部署やタスクフォースなどの形で数名から数十名のチームでひとまとまりの仕事をしていることが多いでしょう。その中で最も品質よく、効率よく働く人物をチームから外すのです。外すといっても、左遷するのではありませんよ。**本人が喜び、評価されたと感じるような別の職務を割り当てる**のです。もちろん、他のチームメンバーも、彼は栄転した、実績が認められたのだと思えるような形をとらなければなりません。例えば新規プロジェクトのリーダー、新規事業の中核メンバーなどとして、現状の職責から切り離します。もし完全に切り離すことができなければ、そのチームの実務作業は担当せず、教育係としてサポートに徹するようにします（この一番の人をAさんと呼ぶことにしましょう）。

これを行うと、チームメンバーは当然困ります。当たり前ですね。今まで頼りにしていた重要人物が抜けるのですから。しかし困惑してはいても仕事を止めることはできません。なんとか穴を埋められるように工夫を始めます。

当然、最初は残った自分たちだけで今まで同様に仕事が進められるかどうかを確かめるところから始めることになるでしょう。仕事の目的や基本的な手順はチームメンバーそれぞれが把握はしていますが、詳細なノウハウはたいていの場合、デキる人だけが持っています。**ノウハウは属人化しやすい**のですね。

その属人化していたノウハウの部分、つまり標準化されることなく個人に依存していたノウハウを、残ったチームメンバーは必死で探り出そうとします。Aさんにアドバイスを求めてももちろんかまいません。ただ、Aさんは作業指示を出すことまではしません。すると次第にチームメンバーは自分の頭で考え始めます。

やがて、今まで見えていなかった問題点が見えてきます。Aさんがいたときに Aさんが解決していた問題が見えてきますが、そればかりではありません。Aさんがいたときにも解決できていなかった問題点が見えてくることもあります。誰も気づいていなかっ

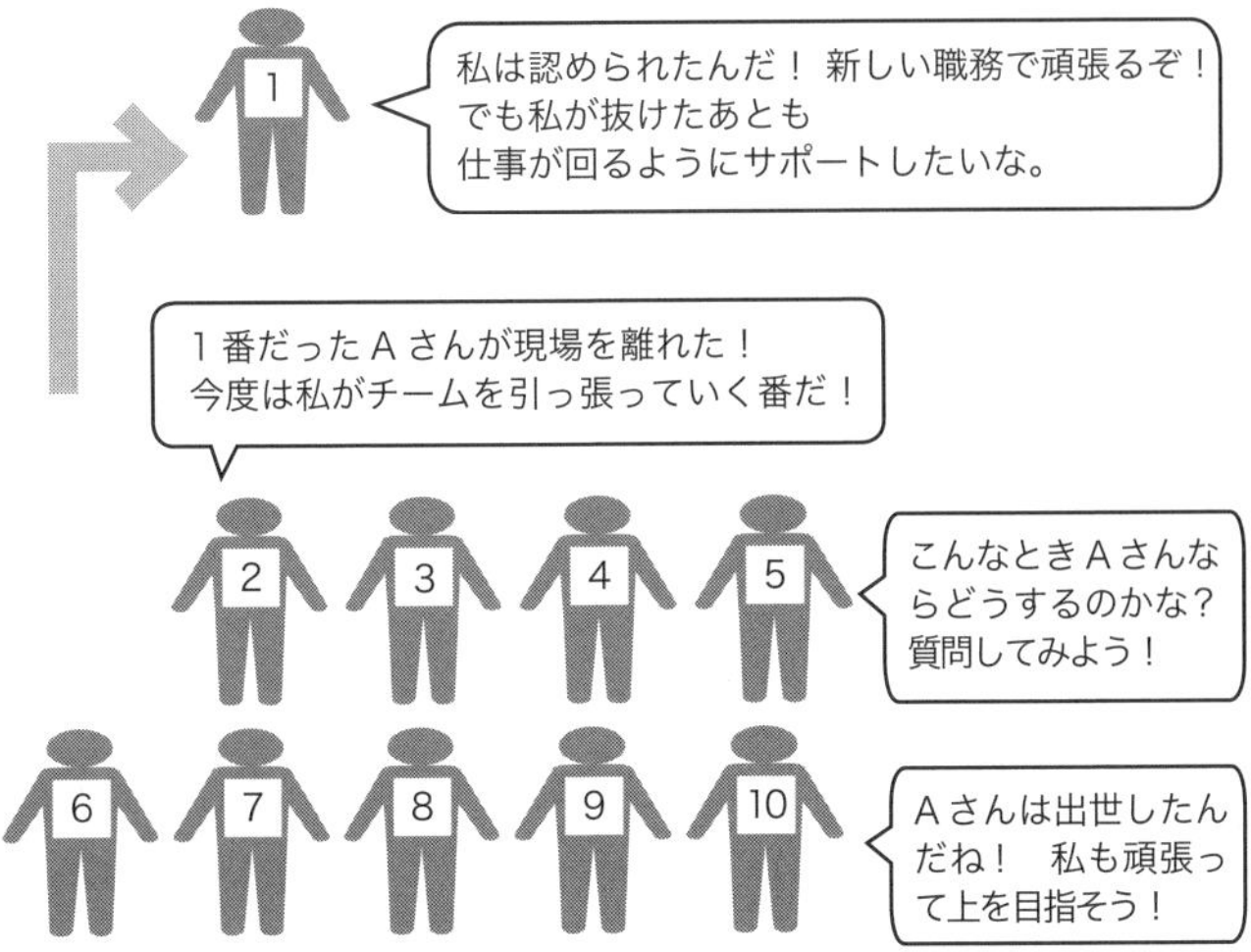

図3 一番優秀な人をチームから外すイメージ

たムダが、危機感をもったメンバーが集まって議論することで浮き上がってくることがあるのです。

それらの問題点を自分たちの手で解決できれば、チームとしての生産性はグンと上がります。そして、やがて2番手の優秀なメンバーが、Aさんの立場と同じように、仲間から信頼され、**現場をリードしていく存在に変わっていきます**。もちろんメンバーの補充があってもよいのですが、基本的にはチームのコスト構造が変わり、**コストは低下する一方で品質や生産性は上がるという好循環**が生まれます。

ただし、20人の中から1人が外れる

と、単純計算では生産性が5パーセントダウンします。一番優れた人が外れるので、チームの生産性はもっと落ちると思われるでしょう。

しかし**コンサル実績では多くの場合、残りの19人が協力することで、外れる前の生産性を維持できるばかりか、5%以上の生産性アップを果たすことが多い**のです。人が1人減っても5%アップですから、10パーセントの改善ができたことになります。

ただ、もっと少人数のチームでは、優秀な1人を完全に外すことが難しい場合もあります。10人のチームで一番優れた人が外れると10パーセント以上の生産性ダウンになりますが、午前か午後だけはチーム参加してもらうようにすると、最大でも5パーセントのダウンで済みます。9・5人が協力して、チームで5パーセントの生産性改善ができれば、10パーセントの改善目標をクリアできます。

少々荒療治に見えるかもしれませんし、仕事が一時的には停滞するかもしれないリスクを負うことにはなります。しかし、これは私が支援した多くの企業で、現実的に目をみはるような効果を上げています。Aさんに頼り切って自分から積極的にアイディア出しをしていなかったメンバーが、みずから提案を行うようになりますし、仲間としてのまとまりも生まれやすくなります。

問題点を書き出し、掲示して議論する

　このような手段をとって、チームメンバーを活性化させても、必ずしもチームメンバーが自主的に問題点発見と解決のための議論を早急に進めてくれるとは限りません。そこにほんの少しのサポートとして、議論の方法のアドバイスを加えてあげると、効果的な議論を進められるようになります。私のコンサルティングの場合だと、私がその議論に加わり、議論の方法を提案して、実際にその場でやってもらいます。

　これは難しいことではありません。大きなホワイトボード（でなくてもよいですが、付箋をたくさん貼れる大きなボードか、壁に掲示できる模造紙などがよいでしょう）と付箋を使う方法がとても有効です。

　コロナ禍の影響が残る現在では、対面ミーティングがしにくいかもしれませんが、その場合でもウェブ会議でホワイトボードを大きく映し出したり、ウェブ会議ツールのオンラインホワイトボード機能や専用ツール（図4に例示）、また無償で使えるオンラインサービスの「Ｍｉｒｏ」などを利用するとよいでしょう。資料の共有も、こうしたツールで簡単にできます。

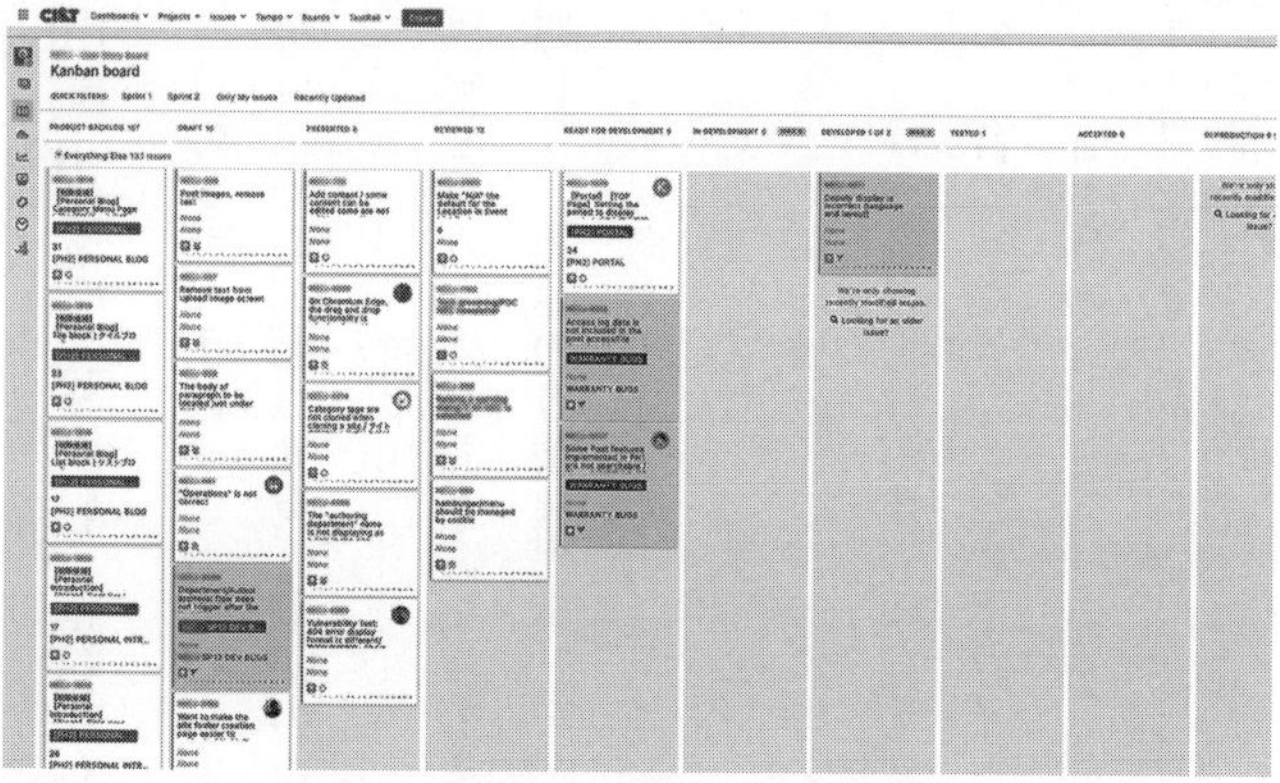

図４　ホワイトボードを模倣する IT ツールの例
(提供：CI & T 社)

ただし慣れないうちは、メンバーをイライラさせることもあります。可能なら、適切に換気されている会議室などで距離を保ちながらミーティングを開催することをお勧めします。

手順としては、メンバーがそれぞれ感じている**問題点、不満点、改善したいポイント、できれば解決案を付箋に書き、ホワイトボードに貼り付けて**いきます。このとき、何を書いてはいけないとか、誰がこれを書いたんだとか、圧力をかけてはいけません。自由に、感じるとおりのことを忌憚なく書き出してもらいます。**その時点でのメンバーによる批判はなし**です。

ただし、ベテラン社員と新入社員では見ているポイントが違い、新人の場合は業務プロセスのムダというよりスキル不足が本当の問題だと

図５　ホワイトボードに付箋を貼りながら行うミーティング風景
（提供：CI & T 社）

いう場合もあります。それに対しては先輩メンバーがサポートして助けてあげればたいていは解決します。キャリアの長短に合わせて付箋を色分けしておくことも有用でしょう。

議論には、マネージャークラスの方にも参加してもらいますが、当初はムダなんかもう解決済みだと言っていた人も、だんだん業務に内在するムダに気がつきます。**現場を俯瞰する立場で見えていることと、現場の末端で見えていることには違いがある**のです。

例えば、資材を取りに行くときに資材置場が遠すぎて困るとか、上司に申請したことが承認されるまでの待ち時間が長すぎるとか、上述したようなさまざまなムダが、生々しく視覚化されていきます。

SIPOC分析手法で問題点を整理する

こうした付箋を使ったブレインストーミングや会議には、いろいろなメソッドが一般に提案されていますが、たいていの場合は、付箋で出されたポイントを、内容ごとにグルーピングして問題を明確化していく方法をとります。

しかしこのグルーピングが曲者で、ファシリテーターが強引にグルーピングしてしまうと、チームメンバーの納得や共感が得られません。かといって、問題点をただ見ているだけでは解決策に結びつきません。

ではどうやるかといえば、私は**SIPOC分析の手法**を応用することが多いです。図6を見てください。

この分析手法では、対象とするプロセス（P）をまずはっきりさせ、それがどのようになるとひとまず成功なのか、ゴールとなる目標を設定する（①）ところから始めます。次に作業の開始地点と終了地点（②）を定義します。議論のスコープが広がりすぎるのを防ぐためです。

次に、ボードに対象プロセスを開始するために必要な資料や情報の提供元とその項目

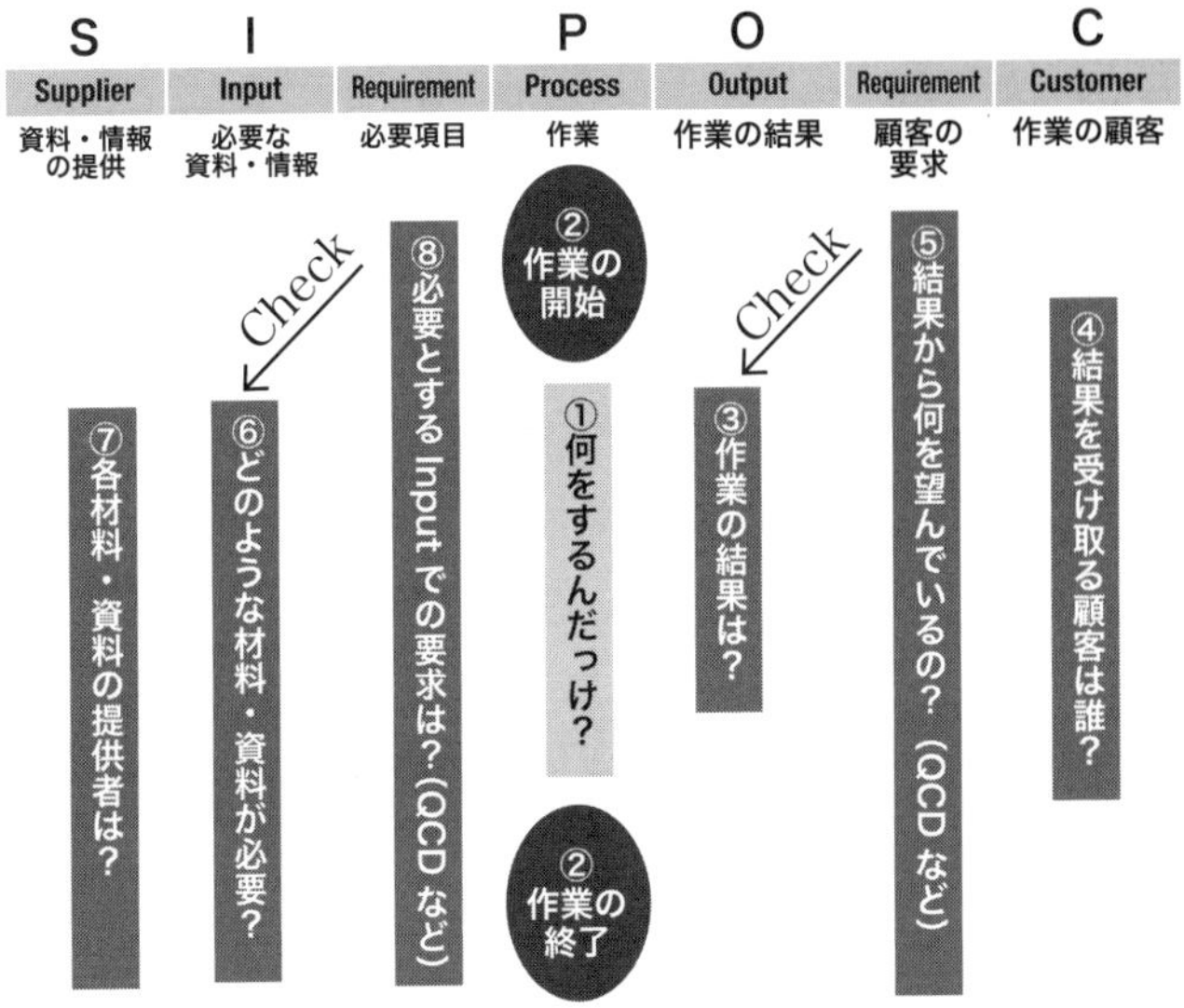

図6　SIPOC 分析を応用したムダの発見と解決策の議論

に関連する付箋を貼っていきます。

提供元はサプライヤー（S）と呼びます。これは資材などの仕入れ先である場合もありますが、汎用的には、前のプロセスから受け継ぐもの、という意味にとってください。

必要な資料・情報として受け取ったものがインプット（I）です。その横には、プロセス開始のために必要な項目であるリクワイアメントを貼っていきます。すると、この時点でインプットとリクワイアメントに矛盾があればすぐにわかります。作業に必要なものが揃っていないと、当然ながら作業が開始できないので、当然ムダがあるということになります。

また中央のプロセス（P）の右となりには、「作業の結果」（アウトプット、O）の項目を設け、関連する付箋を貼り付けます。その横は「顧客の要求」（リクワイアメント）となっていますが、これは実際のお客さまからの要求ということでなく（そうであってもよいのですが）、当該プロセスでの仕事の恩恵を受ける人が欲しいもの、すなわち次のプロセスで必要とするものという意味にとってください。

さらにその横には「作業の顧客」（カスタマー、C）という項目をつくります。ここに次のプロセスは何かを示します。ここにも関連する付箋があれば貼りこんでいきます。ここプロセスから右側の領域では、次のプロセスがどのような作業結果を望んでいるのかと、実際の作業結果との食い違いがないかどうかが重要なチェックポイントになります。

このようにすると、目的のプロセスを中心に、どのように仕事が流れていくのかが明確に視覚化できます。

議論の流れは図6の③以降は必ずしも図中の番号に沿った形でなくてもかまいません。どのように進めても、**プロセスの開始と終了の前後にある要求事項と現実のインプットやアウトプットが合致しているかどうか**が、チームメンバーの目前で整理できます。

改善案があればそれも貼っていきますが、このように仕事の流れを視覚化して全員が共有することが重要です。共有することで付箋に書いた問題点などと実際の仕事の流れがどう関連しているのかもわかりやすくなります。

重要なのは、この全体の中で欠落しているものは何なのか、つまり**ムダを引き起こしている原因が何なのかを特定できる**ことです。それがわかれば、どうすれば解消できるかについて集中して議論することができます。メンバーが個別に悩んでいることでも、チームメンバーが共有して繰り返し行う議論の中で解決できることが多くなります。

何より、このようにメンバーが集まって仕事を分析して改善策を見出すという作業は楽しいんですね。ただ問題点を指摘しあうばかりの殺伐とした会議にならず、仕事の流れに即し、現実の生々しい個別的な問題点も、みんなで解決していこうという機運が生まれます。これはステップ2で説明する、心理的な安全性を高めるためにも重要な取り組みになっています。

改善サイクルはＰＤＣＡからｄｃａＰＤＣＡサイクルへ

以上、ステップ1では仕事からムダな時間をなくすための方法を紹介しました。これは業務改善の基礎になるステップであり、ここをおろそかにしたまま次のステップに移行しても効果は限定的になります。

とはいえ、業務分析は全社規模で行うと、ときには年単位もかかるような複雑なものですから、あまり正確性や網羅性を気にしすぎると、改善実務にいつまで経っても手がつきません。範囲を限定し、10パーセントの改善でよいので、とにかく着手してしまうことが得策です。

業務改善にはＰＤＣＡサイクルが大事だと言われますが、私はｄｃａＰＤＣＡサイクルと言い換えています。ＰＤＣＡとはPlan（計画）、Do（実行）、Check（検証）、Action（改善実行）の略ですが、その前に**まずはDoから始め、Checkと改善実行Actionをした結果から、より適切なPlanにつなげる**ほうが、短期的に結果が出やすいと思います。

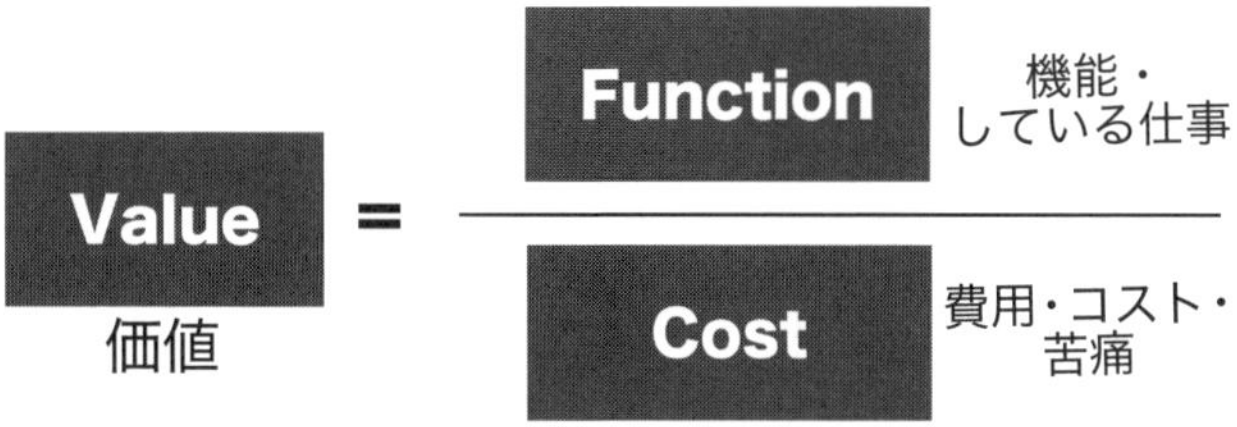

図７　V=F/C の公式

価値の分析の公式を念頭に置こう

なお、ムダを削減することを考える際には、ぜひ図７に示す**「V=F/C」**という公式を覚えておいていただきたいと思います。これは「ＶＡ提案（value analysis／価値の分析）」と呼ばれるもので、価値はお客さまに提供する仕事の機能とコストの関係に依存することを意味しています。

仕事の機能が高くてコストが低ければ、価値（売上と考えてもけっこうです）が上がるということを示しているのですが、それは一方では、コストが高くても、機能がそれをはるかに上回れば価値は上がるということですね。

ムダを削減することは、付加価値を生まない作業をなくしていくことです。これにより、コストを下げると同時に生産性を上げることができます。

私は、**ムダをなくすことは、人生をより意義あるものにする**

ことだと考えています。人の寿命はそれほど長くはありません。少しでも人生をムダにせず、朗らかに楽しく暮らしたいものです。ムダな仕事は、人生の豊かさを削っていくことにほかなりません。ムダでない、**付加価値が高い仕事は必ず誰かの人生を豊かにします**。そのことによって自分自身も豊かになることができます。

予算を削った場合の反作用に気をつけよう

ただ、V=F/Cの公式を見て「じゃあ予算を切り詰めよう」と考える人が残念ながらまだ多いのが心配です。ムダを削らず、予算を削るだけでは「余裕を削る」ことになりかねず、リスクが高まる恐れがあります。

これはおそらくコロナ禍で出社制限や勤務シフトの変更などの対応を迫られた企業の多くが経験されたのではないかと想います。平常の事業運営をキチキチにタイトな予算で行っていると、何か予期しない突発的な出来事が起きたとき、それまで余裕でカバーできていたことがたちまち滞ります。急な対応に迫られた場合に、従業員に過重な負担をかけたり、納期に製品を間に合わせられなかったり、場合によっては品質管理がおろそかになって欠陥品を出荷してしまうようなことも起こらないとは限りません。

もしそんなことが起きたら、削った分の予算額など問題にならないほど莫大な損失を蒙ります。そこまでいかなくても、予算を削ったためにそれまでよりも悪い結果につながる本末転倒の悲劇が、実はそこら中で起きています。

予算を削ると、必ずその反作用が起こります。コストとは、単純に支出する金額ばかりでなく、従業員の苦痛や悩み、ストレス、仕事のために削ったプライベートタイムなどの総体です。ムダを削らず予算を削り、一見価値を大きくしたように見えても、会社は数字として目に見えない従業員のストレスや苦悩というコストを抱えるため、実際の価値は目に見える数字ほどに高くはなりません。むしろ従業員の離脱や、統制への反感などによる取り返しのつかない職場崩壊リスクを背負いこむことに至る可能性がありま す。

単純に目先の収益に惑わされず、適切なコスト感覚を保つことはとても重要です。

Step1 のチェックポイント

各ステップごとに達成したことを判定するチェックポイントがあります。実際に改善を進める際に、このチェックポイントがクリアできているかどうかをチェックしてみてください。

全部クリアできていなくても大丈夫ですが、２番めの項目だけは必須項目です。せめてこれだけでも達成できていれば、次のステップに進むことができます。

□	業務に内在する８つのムダが理解できた。
□	一番優秀な人を１人を外せた。 またはチームに残しながら午前か午後などの 50 パーセントは他の仕事に割けるようにした。
□	どこに時間がかかっているのかを真剣に考えた。
□	チームのミーティングで仕事の流れと問題箇所を話し合えた。
□	２番めに優秀な人が成長した。
□	チーム全員が業務に内在するムダと改善の重要性を理解した。
□	一番優秀な人が外れたことによる生産性ダウンをカバーして、少ない人数で以前よりも生産性を上げることができた。

Step 2

本音が言える企業文化をつくろう

売上や利益を倍増するための小さな改善の次のステップは、本音が言い合える企業文化をつくることです。

これは、「**心理的安全性**」を確保できる職場に変えていくことと同義です。心理的安全性とは、1990年代に登場した心理学用語の「psychological safety」の訳語です。この言葉は近年のグーグルによる〝「効果的なチームとは何か」を知る〟という調査レポートに登場して以来、現在ますます注目されているキーワードです。グーグルの調査は、同社に数多く存在するチームを対象に、どのようなチームが同社ビジネスにとって効果的なのかを客観的な手法で調べたものです。そこでは、ほかの何にも増して心理的安全性が重要である旨が記されています。「**『無知、無能、ネガティブ、邪魔だと思われる可能性のある行動をしても、このチームなら大丈夫だ』と信じられるかどうか**」が心理的安全性だと述べられています。

私は企業へのコンサルティングにあたって「本音を言い合える環境が大事」だということを繰り返し説いてきました。この心理的安全性がチームを効果的にする最大の要素だという結論に、我が意を得たりと思ったものです。

保身に費やすエネルギーを減らせば能力が十分発揮できる

私は日本企業では従業員の**能力の40パーセントが「自分の保身」のために使われているる**のではないかと思っています。「これさえやっていれば誰からも文句は言われない」「何かを言えば必ず批判されるから何も言わないでおこう」というような考え方をしてしまう人が多いのですね。

自分が何かをすることで自分が責任を問われて不利益をこうむる可能性がある場合に、積極的に何かを提案することよりも、現状の自分の立場や評価を低くすることのないようにと考えてしまいがちで、本音が話せません。

また会議などでせっかく発言の機会が与えられても「どうしても発言や提案をしなければいけないのなら、十分に準備をして批判や問題点の指摘がされないようにしよう」などと考えてしまうのもやはり「保身」ですね。発言により自分の知識や経験があからさまになるのが嫌なのです。自分によほど自信がある人なら別ですが、会社で自分の立場や評価を悪くしたくないと思ってしまうのが人情です。

でも、何を言っても自分への評価が悪くなることはないと確信できる職場だったどう

〈悪い例〉
・自分で悩む
・自分を守ためにパーフェクトに近い提案を準備する（時間をかける）
・下手な意見を言いたくない（改善案が出にくい）
・助けを求めにくいし、自分もしない
・上に言われたことをすればよいと考える（みずから意見を言わない）

〈良い例〉
・すぐに質問できる
・改善案が出しやすい、余力が出る
・指示待ちにならない
・準備が少なくて済む
・助けを求めやすい

図１　保身に使われる能力を他に回す

でしょうか？

自己保身に使う労力は生産性を指標にするならまったく無駄な労力でしかありません。何かを発言したい人を押さえつけてしまう職場の雰囲気、企業文化は、無駄を通り越してマイナスを積極的に生み出してしまうものだと思わなくてはなりません。従業員の能力を向上させるには相応の投資や努力が必要ですが、社内文化を本音が言い合える文化に変えていくのにはあまりお金はかかりません。

もっとも保身に向かう気持ちを完全に封じることはできませんし、保身が主目的だったとしてもプレゼンの前に必死で調査や勉強をすることは、能力向上や生産性向上に役立つこともあります。ただ、現状で保身に費やす従業員のパワーの大きさは、あまりにもったいないと思います。そのパワーを20パーセント程度に抑え、残りの80パーセントを業務や自己研鑽などのために使うことができれば、生産性を10パーセント上げることくらいはたやすいはずです。

ムダな会議、効率の悪い会議になってしまう原因は？

会議の場で積極的な発言がなかなか出てこないことにイライラした経験は、会議主催側の立場に立ったことがある方ならおそらく何度も経験しておられるのではないかと思います。また、社長や上級管理職の人が参席する場では、何か発言したくとも遠慮して何も言えなかった経験も、きっとあるのではないでしょうか。

ちょっとその時のことを振り返ってみてください。特に新人の頃、上司や上級の役職者がいる会議でどうして発言ができなかったのでしょうか。

こんなことを考えてはいなかったでしょうか。

「同期の仲間が何も言わないのに、私だけが質問や意見を言うとでしゃばった奴だと思われるのではないか」

「会議のテーマについて詳しいベテラン社員がいるなかで、こんな初歩的質問をして失礼ではないのか」

「もっと詳しい説明が聞きたいが、こんな初歩的なこともわからないのかと馬鹿にされるのではないか」

「自分の質問はあまりにくだらないことかもしれない。下手をすると能力を疑われるのではないか」

「議論がどんどん進む中で私の質問が話の腰を折るようなものにならないか」

「私の職務はいまの議論テーマと関連してはいても微妙にずれている。何か意見を言うのは越権行為なのではないか」

「意見を言いたいが、100パーセント自分の意見が正しいとは言い切れない。もっと勉強した後で言うべきだ」

「何の用意もなく発言をしてしまったら、根拠を求められたときに何も言えない」

「改善案をもっているが、それは従来のルールや組織を否定することになる。上役から憎まれるのではないか」

いかがでしょうか。これらの考えが頭をかすめて、何か口に出すのをためらったことがないでしょうか。もしないのなら、きっととても恵まれた、よいチームのメンバーに選ばれているのでしょう。新人の頃には、かなり豪胆な人でも少しはためらうのが普通だと思います。たいていの人は、「ひとまずここは黙っていよう」となって当然です。

しかし、それがいつまでも続くようでは、会議に参加している意味がありません。また、本来なら、会議に参加している以上、その中の最も高い役職の人やベテラン従業員とも、同じ立場で発言できることが理想です。数ヵ月を過ぎても例示したような考えが会議などの際に頭をよぎる場合や、同僚が同じように考えているように感じる場合は、自分や同僚ではなく、会社の側の職場環境に問題があるのです。

そのような職場では改善はうまくいきません。なぜなら少数の、場合によっては現場のことがよく理解できていない立場の人が考えたことがそのまま決定事項になってしまい、現場に内在している問題は何も解決されないまま、労働時間や業務ルールだけが厳しくなってしまいがちだからです。これは業務効率向上に寄与しないばかりか、従業員のモチベーションを低下させ、改善への意欲を削ぐ結果になってしまいます。

もっと言えば、指示待ち人間ばかりを育てる結果になり、自分で考えない従業員を管理者が厳しく管理するため全員の労働強化につながりかねません。これは仕事への満足度を低下させ、場合によっては従業員の離脱（退職）を招きます。

では、どのような職場なら、心理的安全性が保たれ、本音が言えるのでしょうか。

それは先ほど挙げた、会議のときに発言をためらう理由を一つも感じることのない環境がある職場です。例えば、次のような会議であれば、自由な発言ができるようになるでしょう。

「従業員の役職や経験の長さにかかわらず、疑問に感じたことや意見を言って誰も非難しない」

「知識不足に基づく質問や、依拠する事実に誤認がある意見を言った場合でも、それが批判されるのではなく、十分な理解が得られるように導いてもらえる」

「特定のメンバーに発言機会が片寄らず、メンバー全員に発言機会が与えられる」

「課題が発見されたら、それが過去のルールや慣習を否定するものでも、改善ポイントが明確になったと喜ばれる」

「意見が異なり議論になっても、個人攻撃に至ることはない」

「メンバー個別の悩みや課題については叱責や単なる激励ではなく、他のメンバーが助けられる部分を探す方向に話が向く」
「会議で必要以上に緊張することがなく、リラックスした雰囲気がただよっている」
「メンバーが笑顔で話ができ、意識的に前向きな結論を出すように努力している」
「メンバーがお互いの職域や任務を理解したうえで、適切なアドバイスや助け合いのアイディアが出せる」
「メンバーに一体感があり、共通目標や共通の課題解決のために協力してもらえることが確信できる」

こんな会議は理想だけれど絵空事だとお思いでしょうか。しかし、私が担当した企業では、3ヵ月のコンサルティングを経たあと、少なくともこのような会議にしようとする機運が生まれています。

本書ステップ1で時間を軸にムダを省くことの重要性を述べましたが、あるメーカーでは数々のムダの発見、課題の解決を実践した結果、月間で93時間以上の業務時間削減を実現しました。どの業務に時間がかかっているのかや、その時間を短縮するためにどうすればよいのか、一つひとつ指摘したり考案したりしたのは私ではありません。私はただ議論の進め方をアドバイスして、従業員の方々が実践する時間をつくっただけです。「ムダの削減」が経営課題なら、それを共通目標にして、部署内のメンバーが自由に話をすることで、課題観や現実的な問題点が共有され、課題や問題点を感じているメンバーだけでなく、メンバー全員で解決の方向や具体的な方法について議論することができるようになりました。

もちろん一度では無理ですが、**効果的な議論の仕方を学ぶ**ことで、やがて議論が風発して、積極的な発言が多くなっていきます。また**少しでも改善策を実行に移してうまくいくと、その喜びがメンバー全員に共有される**ことになります。

これを繰り返していくと、かつては時間ばかりかかって嫌で嫌でしょうがなかった会議も楽しくなってきます。会議が楽しくなってくると、積極的な発言により議論はさらに深まりますし、改善案も生まれやすくなり、一体感も生まれて全員が笑顔で話し合える時間が増えていきます。

小さなことでも積み重なれば大きな改善につながる

　そんな変化は会議のたびに感じることができますが、会議の場だけでなく、通常の業務時間のなかでも、休憩時間や勤務時間の前後のフリータイムにも同じような変化が起きます。ふだんの仕事のなかで**「次の会議で議論の対象にすべきことはないか」を意識して働く**と、そのように意識していなかった頃には**気がつきもしなかった問題が見えてくる**ことがあります。例えば、業務の中の小さなムダや、非効率な業務の流れ、品質低下を招きがちな業務プロセスなどが見えてきます。

　あるメーカーの組立てプロセス現場では、人間が歩く距離が長いことで「面倒くさい作業」と認識されていました。ただ現場スタッフが「面倒だ」とつぶやいているだけではいっこうに改善しませんが、同僚や上司に「歩行にかかる時間が生産性の妨げになっている」と話ができたり、会議でその点を指摘したりすれば、その問題は設備管理担当のスタッフや安全管理担当のスタッフなどにも共有されることになります。すると「通路のレイアウトを工夫しよう」とか、「通路を一方通行にして、早歩きをしても安全にしよう」とか、「通路の床面の色を変えて物品のはみ出しや搬送機器の通行とは別の専用通路であることを明確にしよう」などと、現場の作業スタッフだけでは解決法を見つけられなかった改善策がいろいろ出てきます。その結果、フロアや通路のレイアウトを一部変更し、人間や搬送機器などの動線をはっきりと分けるなどの対策がとられ、最終的には歩行時間を月間で11時間以上短縮することができました。

作業に必要なものを取りに行く時間などは一見、自分が機敏に動けば短縮できることのように思えるかもしれません。しかしいつも機敏に素速く動けるわけではありませんし、この企業の場合は製品搬送用の台車や搬送車が同じ通路を通るようになっていて、速く歩けばそれだけ危険が増す懸念もありました。自分の意思だけで改善できることばかりではないのです。

また、何かの工夫をしたいと思っても、それがあまり大きな改善には結びつかないと考えて提案をためらうかもしれません。この例では、改善策をとっても1人が1回30分の作業時間あたり1分ほど短縮できるにすぎませんでした。これでは改善効果が薄くて、口に出したら馬鹿にされるのではないかという思いもあったかもしれません。

しかし、いろいろな人が集まる会議の席で、「なんでも言ってよい」雰囲気があれば、そんな小さい（ように見える）改善ポイントでも言い出すことができます。すると、例えば現場作業担当者ではないが作業現場の保全や安全確保を役割にする人にも問題点を共有してもらい、知恵を出してもらうことができます。そのような人たちもふくめて議論して見つけた改善策をとったことで、何もしなければ決して削ることができない11時間を削ることができたのです。しかも「面倒だった仕事がだいぶラクになった」ことで、現場スタッフは笑顔になることができました。

このようなムダや改善可能なポイントは、業務プロセスのそこここに一見しただけでは見えない形で存在しています。現場スタッフが意識できていないことは、管理者クラスには全然見えていません。そんな潜在的な問題を含め、なんでも口に出して仲間と共有し、一緒に解決策を考えられる職場環境が、生産性向上のためには絶対必要なのです。

QCサークルの形骸化を教訓に、職場文化の醸成を目指す

さて、このように現場の声を拾い上げて改善につなげようという考えは、別に新しいものではありません。1970年代にもてはやされ、成果を上げた取り組みに「QCサークル」があります。これは、主に製造業での品質管理とコスト削減を目的に、職場に設けられた「小集団活動」と呼ばれるサークルです。同一職場の従業員が自主的に共同して、

継続的に問題解決を図る取り組みが全国的に広がっていきました。これは日本流のボトムアップ式「カイゼン」の一要素として世界でも注目されるようになりましたが、80年代には普及が頭打ちになり、90年代には縮小してしまいました。

70年代はモノを効率的に低コストで生産し、価格が安くて品質がよければ売れた時代です。そのためには生産工程の合理化が最重要なため、各プロセスの作業を標準化し、従業員が誰でも同じ品質の業務ができるようにする必要がありました。工場の自動化やプロセスの見直しが進む一方で、従業員はミスをせず、ムダを出さず、可能な限り効率的な働き方をする必要がありました。QCサークルは、現場の一人ひとりが自分やチームの作業の効率化と作業品質と製品品質の向上のために研鑽する場として活用されました。しかし自主的活動と言いながら、活動の監督をする上位役職者が参加してテーマを設定し、決まった期間で課題解決をしていくスタイルが多くなり、改善活動の進捗や成果報告が人事考課に影響することから、会社に「やらされている」感覚をもつ参加者が多かったと思います。

しかし、時代が変われば競争力を生むポイントも変わります。80年代からは早い、安い、品質がよいのは当たり前、商品力やブランド力、マーケティング力など多くの要素を組み合わせた**総合力が競争優位に立つための条件**になってきたのです。90年代には低成長・不景気の中での競争となり、競争は価格や品質というより、**他社といかに違った魅力をもつ商品を生み出せるか**が重要な競争力の源泉となっていきます。

この時代背景の中で、QCサークルは当初のような成果を上げるのが難しくなっていきます。そのなかで活動は硬直化していき、褒めてもらいやすいテーマを設定し、それなりの結果を出したように見える報告書ができたところで幕を引く、活動のための活動に終始する場合も出てきました。

例えば、ある会社では部門内のQCサークル活動として課題発見と解決を図っていましたが、やがてそれが形骸化していき、本当は部門間の連絡や連携に大きな問題があるのに、その本質的問題は議論の対象外として、部門内の小さな問題についてのみ発表する、あたりさわりのない活動ばかりになってしまいました。組織の指示系統を破るようなことには触れないでおこうといった遠慮や保身があると、せっかくの現場力も十分に発揮できなくなってしまいますね。

２０２０年代を生きる私たちは、QCサークルの変容を教訓にして、もっと自由で柔軟で、闊達な議論が風発するような職場環境をつくっていく必要があります。それには日常的な交流や会議・ミーティング・朝会などの場で、誰もが自由に質問や意見を言い合える環境が必須です。制度やルールではなく、自然にみんなが実践・共有する「文化」をつくらなければなりません。「これを言ったら上役から何か言われるかな」と、びくびくしているような環境では改善はおぼつきません。「**これを言ったらみんなが褒めてくれる、同意してくれる**」あるいは「**言うことが間違っていたら正しく訂正してもらえる、教えてもらえる**」と考えられる職場でこそ、みんなで助け合いながら改善を進められます。これこそ自主的な問題解決ですね。そんな職場文化を醸成していくことが重要です。

どうやって職場文化を変えていくのか

職場文化をつくり出す、あるいは変えていくために具体的にどうすればよいでしょうか。どの会社でもすぐに実行できることとして、次の4点の実行をお勧めします。

・マネージャーが笑顔でいる
・メンバー同士があいさつをする、できるだけ役職名で人を呼ばない
・物理的な壁をなくす
・マネージャーは完璧でない姿も見せる

マネージャーが笑顔でいる

私が最初にお勧めしているのは、笑顔をつくることです。これなら誰にでもできますね。笑顔は他人を受け入れる意思を示すものでもあり、緊張ではなく安らぎを与えてくれるものでもあります。いつも笑顔でいることは難しいかもしれませんが、嫌でも笑顔をつくってみてください。これは意外なほどの効果があります。

逆にすぐに止めたほうがいいのは、机のパソコンに向かって渋い顔でにらめっこしているような姿を見せることです。口をへの字にしている人に、話しかけたいとは思わないでしょう？ なるべく顔を上げて、笑顔で周りに声をかけてみましょう。

「でも、忙しくて笑顔になれないよ」という人も確かにいます。それも仕方のないことではありますが、マネージャークラスの人は、できるだけ心に余裕がもてるように仕事を整理してみてください。例えば朝早く出社して、メールチェックなどのルーチンワークを済ませれば、他の従業員が出社してくるのを余裕をもって迎えることができます。

笑顔をつくると、自分自身が何か楽しくなってきます。というのも、笑顔には幸福感やストレスを発散させる脳内ホルモンの分泌を促す効果があるのだそうです。私たちは経験としてそれを知っていますね。また、免疫力を上げたり、脳の働きを活発にしたりする効用も医学的に証明されています。さらには親しみやすさだけでなく能力がある人に見えるという研究もあります。笑顔にはプラスの効用しかありません。

メンバー同士があいさつをする、できるだけ役職名で人を呼ばない

出社のときには、「おはよう」とか「オッス」とか、自分から社員に笑顔で声をかけるといいですね。部下たちもあいさつを返してくれます。できるだけ友人関係に近いあいさつや呼びかけにシフトするように心がけるとよいでしょう。また「部長」「課長」「係長」という役職名での呼びかけは止め、名前プラス「さん」で呼ぶと、上下関係をそれほど意識せずに話ができるようになります。

これだけでも、マネージャーと部下の間の心の隔たりがだいぶ小さくなります。それができるようになると、あいさつのあとに「実は昨日気がついたことがあって……」「今日はこれをやりたいんですが、わからないところがあって……」と会話が続きます。

また、話をするときには、どなったり、厳しい言葉や口調で何か指摘したりすると相手が萎縮してしまいます。これはパワハラにもなりかねませんし、上の立場を誇示して

自分がいい気持ちになる以上の得は何もありません。

世の中にはすぐに怒る人もいれば、バッドニュースを聞きたくない人もいます。よいことばかり聞いていては問題に気づくことができず、気づいたときには手遅れになっているようなことが起こります。職場環境を悪くする原因が管理職の人のそんな性格や態度である例は何度も目にしてきました。一番の問題は上位の役職者のプライドなのですね。もちろん重い職責にふさわしいプライドをもち、ものごとに毅然とした態度で対処するのは当然のことですが、個人的な好き嫌いや損得で感情を高ぶらせることが多いと、他人はそれを必ず見抜きます。「さわらぬ神にたたりなし」と、何か急を要する大事なことでも、あまり歓迎されないのではないかと思うと、伝えたくなくなるものです。

笑顔をつくり、あいさつをするのはマネージャーの自覚とセルフコントロールが必要なだけで、お金もかからず簡単にできることですね。

私は大手保険会社の中心的メンバーとしてしばらく勤めていましたが、その期間を通して心がけていたことは、実はにこやかにあいさつを元気よくすることだけでした。それでも私のチームは従業員満足度調査でずっとトップレベルでした。チームメンバーが働きやすかったのでしょう。コンサル対象の企業でも、マネージャーが変わるとすぐにチームの実績が上がるケースはよくあります。特別なことをしなくても、笑顔で話しやすい雰囲気をマネージャーが醸し出していれば、従業員はすぐに反応してくれるのです。

物理的な壁をなくす

笑顔とあいさつで心理的な隔たりをなくすとともに、物理的な壁をなくすことも有効です。社長室は仕方がないかもしれませんが、部長・課長などの執務スペースの仕切り壁は、職場文化改善の邪魔です。部下が寄ってきて話しやすいように物理的なアクセスを遮るものは取り払ってしまうほうがよいのです。

壁を取り払うと、部長・課長などが見る景色も変わります。部下がどのような顔つきで、どのように仕事を進めているのかが丸見えになります。職場の働き方が以前よりも細かく理解できることは間違いありません。また、自分から部下の机まで歩いていくのも簡単ですし、部下が上司のところに行くにも障害がありません。

障壁は内部と外部の人間の心を隔てるものでもあります。機密確保のための区画分けなどの特別な理由がなければ、オフィスの壁は取り払ったほうが得策です。

マネージャーは完璧でない姿も見せる

世の中に完璧な人間はいないのですが、完璧に振る舞おうとする人はたくさんいます。そんな人が上司だと、部下はなかなか本音が言えないものです。

完璧な上司であろうと思うなら、完璧でない部分を部下に見せることが大事です。少しは人間味が感じられないと、特に立場が下位の人は話すのを遠慮しがちです。その遠慮を少しでもなくすように、人間くさいところを見せてあげてください。

例えば若い頃の失敗談なら、誰でも一つか二つはもっているでしょう。ときどきはそんな話をして完璧でない自分をさらけ出してみると、部下は親近感をもってくれます。「この上司は自分たちと同じように悩んだり失敗したりしながらあそこまで成長してきた。今でも完璧ではない部分があるかもしれないが、そこは自分たちが補えるようにがんばろう」と思ってくれるようなら最高ですね。

Step2 のチェックポイント

Step3 に進む前に、以下のチェックポイントにより、本音が言える職場文化の醸成に向かっているかどうかをチェックしてみてください。
最初の項目は必須項目です。せめてこれだけでも達成できれば、次のステップに進むことができます。

□	ミーティング中に下を向いて聞いているだけの人が減り、顔を上げて視線を合わせながら話をする人が多くなった。
□	チームミーティングで自由に意見が飛び交うようになった。
□	チームミーティングが楽しくなった。
□	人を褒めることが多くなった。
□	以前よりも、笑顔で人に接することができるようになった。
□	部下から飲み会などに誘われる機会が多くなった。
□	社内の従業員満足度調査で自分のチームの満足度が以前よりも高くなった。

Step 3

仕事を「見える化」しよう

ステップ1でムダを省いて10パーセントの生産性向上を果たし、ステップ2では本音が言える職場文化をつくり、心理的安全性を高めたことで、保身に費やしていた従業員の能力の10パーセント以上を仕事と余裕時間に割り振ることができました。このステップ3では、もう一歩進めて仕事を「見える化」して、さらに10パーセントの生産性向上を目指しましょう。

トヨタも取り組んだ「見える化」の本質とは

「見える化」は今ではあまりに多方面で使われているので、言葉を知っている人は多くとも、言葉の意味がそれぞれ違っていることがありますが、もともとはトヨタの改善活動を契機に広がった考え方です。

「カンバン方式」による「見える化」

トヨタの生産方式の一部として有名な「カンバン方式」は、必要なものを必要なだけ作り、余剰はなるべく持たないという「ジャストインタイム生産」を行うための一種の「見える化」です。この方式を簡単に言えば、工程の各所で必要な部品などの物品の納入数量と時間などを明示する作業指示図票を掲げておくやり方です。ある工程での作業に必要な部品や資材について「〇時〇分までに〇〇部品を〇個欲しい」という旨を「カンバン」と呼ばれる図表に記し、常に前工程との間で共有する管理手法ですね。

前工程のメンバーはカンバンを見て、いつまでに何をすればいいのかわかりますし、前工程が仕上げた部品などを搬送するときもカンバンと一緒に運び、後工程の部品受け入れ窓口にあるカンバンを見て間違いなく納入できます（トヨタ方式では「引き取りカンバン」と「仕掛りカンバン」の2種を利用しています）。

トヨタは自社工場内だけでなく、協力会社など外部業者との連携にも同様の方式を応用して成果を上げていきました。やがてその合理性に気づいた他の業種の企業にも広がっていき、生産管理の重要な手法として普及し、さらに後にはこの手法のエッセンスを引き継いで、タスク管理、プロジェクト管理、人事管理、その他多くの異なる目的に応用されるようになりました。

目で見て誰でもわかるシンプルさ、改善（カンバンの内容改変やつけ替え、追加、廃止など）のしやすさがあり、いくつかの業務を連携させるフローのある現場ならどこでも応用可能であり、現在では例えばソフトウェア開発の現場でも多用されています。開

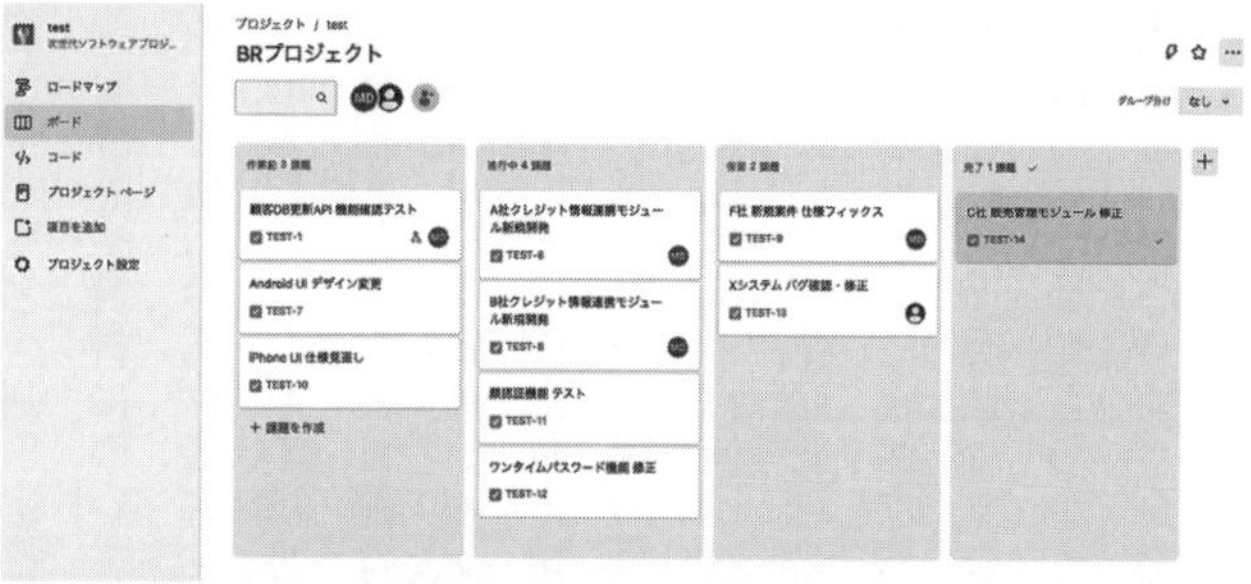

図1　ソフトウェア開発に使われる「カンバンボード」の例
(Atlassian の Jira を利用したカンバンボードのサンプル)

発現場で大きな「カンバンボード」を用意して付箋の「カンバン」を貼り付けて管理している場合もあれば、ソフト上で「カンバン」方式を実現している例（専用ツールもあれば、表計算ツールなどでも可能。図1に例示）はたくさんあります。

ある工程の作業が完了しなければ、次の工程の作業が開始できないケースは、製造やソフト開発の現場以外でもたくさんあります。各工程で、いついつまでに、何をどうしなければならないかがわかりにくいと、生産性は上がりません。ここで、ステップ1で議論の進め方の一方法として提案したSIPOC分析を思い出してください。その分析では、「次のプロセスが求めているものと、前のプロセスの作業結果が一致しているのか」をチェックすることがポイントでした。必要なものが欠けていると、次のプロセスが開始できずにムダな時間が生じます。

カンバン方式は、目に見えて誰でも作業指示が理解できるカンバンを利用して、伝言や伝票とは異なるわかりやすさ、シンプルさをもたらし、プロセス間で起こりがちなトラブル解消に役立ちます。これにより**複雑になりがちな作業現場での煩わしさやムダが解消**されることは、長年にわたる多様な利用ケースで実証されてきました。これが「見える化」の典型的な成功例といえるでしょう。

プロセス異常を視覚と聴覚で知らせる「アンドン」

トヨタのもう1つの「見える化」への取り組み例は、「アンドン」です。工場内で見やすい位置に取り付けられた大きなディスプレイや、警告灯のようなものを目にしたことがあるかもしれません。これは自動化機械の多い生産ラインの要所要所に稼働状態などを示す文字や数字を表示するディスプレイやランプなどを設置し、正常稼動していれば緑色（色は決まっていませんが）などで表示するようにします。作業者が何らかの異常を発見したら、アンドンを操作して黄色、または赤色などで表示を変えます。同時に警報音や音声を発する場合もあります。

管理者はアンドンを見ていれば正常にラインが稼動しているかどうか確認でき、黄色

図２　「アンドン」の例
(画像提供：シュナイダーエレクトリック社)

や赤色になったら、すぐにラインを止めるなどの緊急対応を行い、また迅速にその場に駆けつけて対処することができます。これも「見える化」ですね。

このように、**現場で起きている、把握しにくいこと、ヒューマンエラーを起こしやすいこと、極めて迅速に対応しなければならないことなどを、主に視覚によって把握することが「見える化」**です。

人間の視覚は、他の感覚器官よりもはるかに多くの情報を脳にインプットすることができます。また視覚情報は文字や音声に比較して、はるかに高速に表現内容を理解・把握することを可能にします。百言を費やして説明するより、１枚の図面を見せたほうが理解しやすいことは、誰もが経験しているのではないでしょうか。

しかし視覚は目が向いている方向でしか役に立ちません。そこで緊急対応が必要なときには、アンドンへの表示とともに警報音を鳴らすのが有効です。音が鳴る方向を見れば、何が起きているのかがわかる視覚情報があるのですから、誰でも迅速に決められた対応をとることができます。これも聴覚を利用した一種の「見える化」ですね。

このような音を利用した「見える化」の典型例は、病院のナースコールかもしれません。看護師の常駐する部屋でコール音が鳴れば、鳴らした入院患者が誰なのかがわかる仕組みです。これは200年ほど前に、フローレンス・ナイチンゲールが発明したと言われています。当時は「弁つき呼び鈴」という機械的な仕組みだったそうです。クリミア戦争で大勢の負傷兵に数少ない看護師で対応せざるを得なかった体験から、看護現場での情報取得・共有の合理化・迅速化について考えを深めた結果の発明であったのでしょう。感染症に苦しむ人の救済に心を砕いたナイチンゲールの想いが、現在の病院はもちろん、機械や工場システム、さらにあらゆる工程のクリティカルポイントでの危険警告につながっていると思うと、ちょっと感慨深いものがありますね。

なお、カンバン方式に代表されるトヨタ生産方式をベースにして、欧米では「リーン(lean)生産方式」と呼ばれる方式が脚光を浴びました。「リーン」とは、脂肪がない、スマートな体を表す言葉で、ムダを徹底的に省いた生産方式を指しています。海外企業もトヨタから学んでいるのですね。ついでに言うと「アジャイル開発」という言葉も似た概念です。アジャイルは製品開発に重心を置いた概念で、まずは製品をつくり、リリースした後に検証・修正・改変を繰り返して品質を上げていく、いわば叩き台をつくって、徐々によいものにしていくというアプローチをとる方式のことです。ソフトウェア開発などでは、そのほうがずっと速く品質のよい製品がつくれるということで、もてはやされています。「リーン」と「アジャイル」はさまざまな業務改善・改革の場面で重要なキーワードとなっていますので、覚えておいてください。

真実を共有することが「見える化」の本質

現在、「見える化」という言葉はむしろ経営やマーケティングの領域でこそよく使われているかもしれません。それらの仕事に関連する情報を迅速に、正しく把握し、共有することの重要性を語る文脈で必ずといってよいほど登場します。経営指標やマーケティング分析のさまざまな情報や結果の取りまとめを、数字や文章にプラスして、グラフなどのグラフィカルな方法を多用することで、意思決定を迅速にする方法として「可視化」という言葉も使われています。

これは、ばらばらでまとまりのない断片的な情報を一つにまとめあげて、全体像を把握しやすくしたり、今まで気づかなかった情報の関連性・関係性を発見しやすくしたりできますから、現場の改善というより経営判断を的確に行うための「見える化」ですね。より広い意味では隠されている情報や、積極的に公開されない情報を公に明らかにすることを「見える化」という場合もあります。

見たい人に見せる「可視化」と、見たくなくとも見えてしまう「見える化」

さて、「見える化」には2通りがあることにお気づきでしょうか。トヨタ生産方式の「見える化」は、見えにくいものを見えるようにしただけでなく、見たくない人にも見えてしまうようにしているのです。経営指標を分析するのは見えにくいものを何とか見たいと思う経営層や管理者にとって大きな利益になりますし、情報を公開することも、その情報を求めている人には歓迎されます。

これを「見える化」と「可視化」の違いだと説く人もいます。「可視化」を心がけることも重要ではありますが、改善を可能にする社内文化が未成熟な企業では、そもそも何を見たいのか、何を見ればいいのかが経営者にもわからないことがよくあります。それなら、業務改善の視点からの、「見たくなくとも見えてしまう見える化」を推進したほうが得策です。

「見える化」の効用が社内のすみずみにまで認知されたとき、もっと高次元での改善を考えるための「可視化」が効果的になるはずです。

私自身は、「見える化」を次のように定義しています。

「見える化」とは、「真実の共有」である。

これが私が取り組んでいる「見える化」の本質です。経営指標であれ、隠されている情報であれ、業務プロセスに潜在しているムダであれ、業務の本当の姿を明らかにして関係者全員が正確に把握することが重要だと考えています。真実がわからなければ、問題の所在も影響度も、改善可能性も議論することができません。

「いや、ウチの会社には業務日報や作業記録などいろいろなデータがあるのだから真実は把握できている」とお考えかもしれません。しかし、そこに本当の現場のリアルな状況が記録されているでしょうか。多くは起きた事象が極めて簡略化されて書かれていま す。例えば「あるプロセスでミスが生じたために前のプロセスからやり直したことにより、スケジュールが遅れた」という情報が得られたとしても、なぜミスが生じたのか、それは当該プロセスの作業ミスなのか、機械のエラーなのか、前工程から引き継ぐ情報が不足していたためなのか、など細かい事情を汲み取ることができません。実際に何が起きていたのか、はっきりとわかっているのは現場で働いている人たちだけという場合が少なくありません。本当に重要な、改善の鍵は人の頭にしかない場合が多いのです。

また、組織には大なり小なり真実の隠蔽が行われる可能性が潜んでいます。ステップ2で触れた保身に能力の多くを割いている会社では、現場スタッフも管理者も事実を隠してしまう傾向があります。ここを打破しないと、いくら現場の「見える化」をしようとしても真実が見えてきません。保身に労力を費やさずに済む環境ができて初めて「見える化」に着手できるのですね。

見える化を進めるための方法は?

現場の「見える化」を進める第一歩としては、**業務の進捗状態を紙やホワイトボードに書き出して、毎日書き足していく**方法がお勧めです。これは比較的簡単にできますし、パソコンのプロジェクト管理ツールやエクセル表などよりも確実・迅速に、チーム全員がチェック・共有できるからです。

ただメンバーのほとんどが出社していることが前提になりますから、リモートワークを積極的に導入している会社では、前述したようにオンラインホワイトボード機能をもつツールを利用したり、ＭｉｒｏやＪａｍｂｏａｒｄのような専用ツールを利用するとよいでしょう。また従業員のパソコンなどから常にホワイトボード情報が見られることが大事なので、例えば毎日必ず立ち上げるグループウェアの本人ポータル画面から簡単に表示できるように工夫するとなおよいでしょう。こうしたツール運用はそれだけでも担当者には負担がかかりますから、少し運用の工夫は必要ですが、ホワイトボードの撮影画像・映像を配信する手もあるでしょう。

また、作業手順や作業に必要な道具や資料などの所在を、誰の目にも明らかなようにパネルや貼り紙などで掲示することも、すぐにできる「見える化」です。パソコン作業中心の場合には、マニュアルの整備や電子化資料（PDFなど）を簡単に検索できるようにしておくのも有用です。

これを行うだけでも、10パーセント程度の業務効率改善が実現することもあります。情報の共有は生産性に多大な影響があるのですね。

チームミーティングで「見える化」推進トレーニング

とはいえ、もっと継続的に、業務に内在する問題を「見える化」し、さらに大きな改善にもっていきたいものです。それには、チームミーティングの場でのトレーニングが有効です。特に、チームメンバーがあれこれ議論しながら、文字や図をその場で描いていく方法がお勧めです。

ステップ1のSIPOC分析のところで紹介したように、ホワイトボードを使ってもよいですし、大きな模造紙への書き込みでもよいでしょう。リモートでミーティングを行う場合は、オンラインホワイトボードに付箋機能（ポストイットのように移動・追加が簡単にできるメモ機能）と、線や文字をタッチペンなどで描ける機能があるツールが

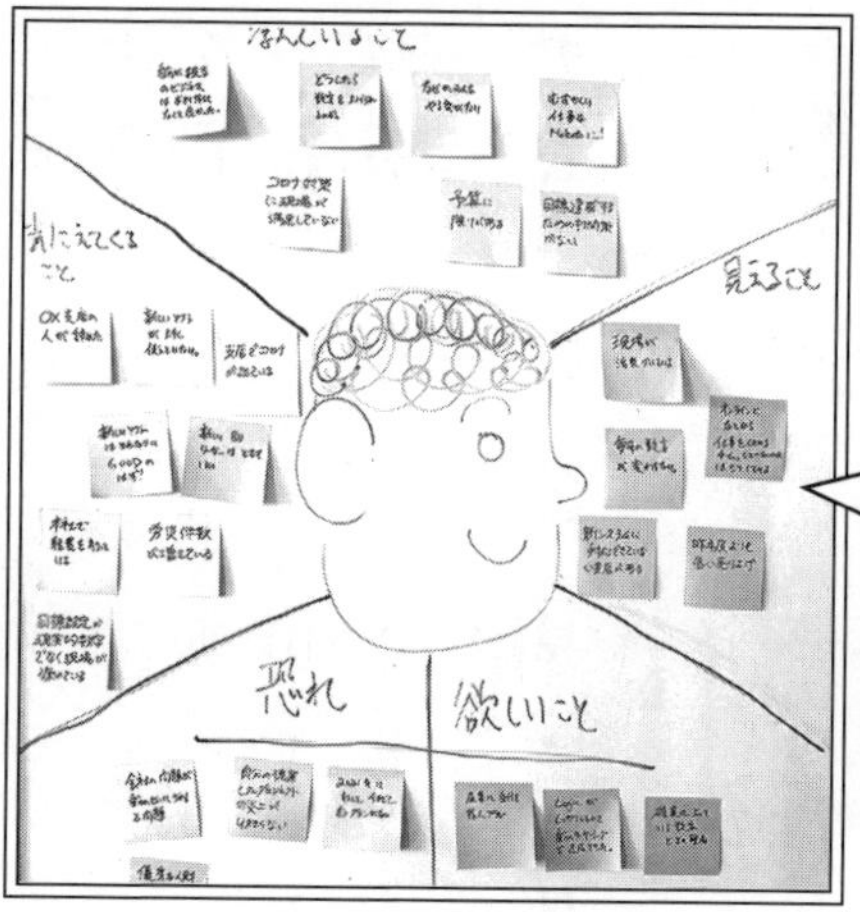

組織や業務の問題点を洗い出すためによくやる方法。
メンバーが問題と思っていることや困っていることを付箋に自由に書き出してもらい、それを例えば「考えていること」「(周囲から)聞こえてくること」「見えていること」「恐れていること」「欲しいもの / こと」といった4～5項目に整理していくと、解決が必要な問題点が絞れてくる。

図３　見える化トレーニングの一例

便利ですね。デジタルツールだと、要所要所のスクリーンショットを保存できるので、記録して保存するのに便利です。

道具はどうであれ、チームメンバーが自由に考えを述べてくれることが重要です。それにはフレンドリーな雰囲気でリアルに集い合う場所があったほうがよいですが、それができなくとも、ステップ2で説明した「心理的安全性」が担保されている会社なら、リモートでも全然問題ありません。

製造現場などでの「見える化」の例

模造紙やホワイトボード、オンラインホワイトボードなどに、次のような内容を書き込んでいきます（図4はその一例）。

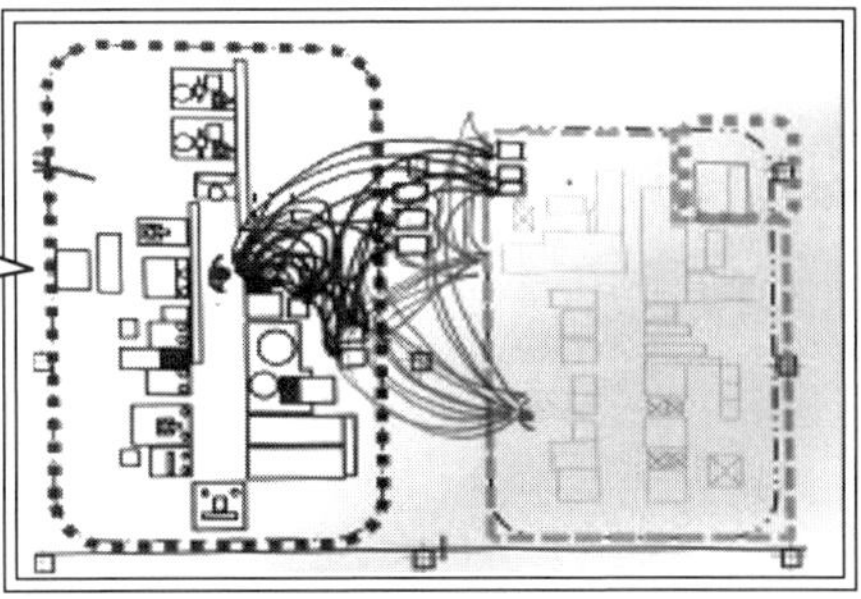
業務の流れや人やモノの移動経路などを模造紙に書き出していくと、複雑な「スパゲティ」状態になっていることが視覚化できる。
その複雑さをどう解消できるかを議論することから改善案が生まれる。

図４　スパゲティ化した業務の流れの視覚化

①業務の流れや移動の動線を描く

何を描くかはその時の課題次第ですが、最初は業務の流れを絵にしてみるとよいでしょう。

わかりやすい例で言えば、工場などの作業場での人の動きを線で描いていくと、毎日現場スタッフがどのようにフロアを移動しているかが見えてきます。

単純な移動だと思っていても、その動線は例えば資材置き場と作業台の間を何度も行き来しているなどといったムダな動作がわかります。

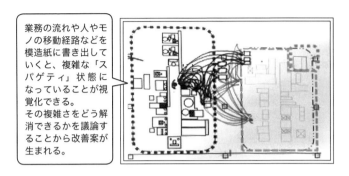

②業務や移動の待ち時間と理由を書き込む

必要な道具を取りに少し離れた収納場所に行ったのに道具が別の誰かに使われていて、そこで少し待機していることがある、あるいは業務に必要な伝票の上長確認を待っていて作業が止まっているなど、余計な時間を使っている場合にはその時間や理由を書いた付箋を貼り込みます。

③他のメンバーの業務の流れや移動も描き込む

同じ図の中に、他のメンバーの業務の流れや移動の状況も描き加えていくと、どのメンバーも同じように移動にムダな時間を費やしている部分があることが、誰の目にもわかりやすくなっていきます。

④物品の滞留状況を描き込む

工程間の連携が滞っている箇所や、半製品などの一時置き場が移動の邪魔になっている箇所など、さまざまな問題点が見えてきます。

こうしてできあがった図は、たくさんの線がごちゃごちゃに描き込まれた「スパゲティ」状態になるのが普通です。このスパゲティをほぐしていくことが、改善の第一歩になります。

オフィス業務では情報の流れに着目

製造の現場ではなく、販売部門や間接部門などのオフィスでは、同じように人の移動を描いてみてもいいですが、情報の流れに着目して絵を描くほうが改善につながりやすいでしょう。販売部門では例えば次のように絵が描けると思います。

①顧客からの注文情報をどう流すのかを描き込む

電話、ファックス、ウェブ、コールセンターなどさまざまな顧客接点からの情報をどのように処理するかを図に描きます。

何らかの方法で注文を受けたら、商品在庫を在庫管理システムで調べ、販売可能なら注文請書を発行し、注文書を受注管理システムに入力、商品発送のときには納品書を発行し、客先からは検収書をもらう。そうした一連の作業にどのようなシステムがかかわり、どのような項目を入力するのかや、そのチェックは誰がどのタイミングで行うのか(行わないのか)、伝票出力や送達にどんな作業が必要なのかなど、作業の一つひとつを流れに沿って描いてみます。おそらくは非常に錯綜した複雑な図になるでしょう。

②仕入れ情報の流れについても描き込む

商品仕入れが必要なら、仕入先に発注書を送付し、注文請書をもらいます。それを管理するのが仕入管理システムなら、その入力項目やデータの出力方法なども描き込みます。出力データは誰に送るのか、誰がその情報を必要としているのかも付箋などで明らかにしていきます。ホワイトボード上はさらに混沌としていきますが、この段階ではその混沌状況を共有することも重要です。

③商品の納品・先方検収・請求・入金確認までの流れも加える

商品の移動と先方とのやりとりの流れを描き込みます。最終的に入金を確認したあと、どのように記録を残すのかまで克明に記入して、注文を起点とした販売業務フローが俯瞰できるようにします。

販売管理、在庫管理、仕入管理、顧客管理、仕入先管理、会計管理など、各種の業務システムの間をデータが流れていくありさまと、データの入力や出力、情報加工のプロセスなども図の中に示されることになり、どのタイミングで人間が仕事をし、確認や照合を行っているのか、入力項目が何のために必要なのか、出力項目は何のために、誰が必要としているのかなど、一連のプロセス収束までの過程を描き出すことができます。

図の形式は、最初はどんな形でもかまいません。ＩＴ部門の人はフローチャートのようにシステム間の情報の連携を単純な図にしたがりますが、それでは現場スタッフの作業が完全に抽象化されてしまいます。フローチャートを描いてもいいですが、その上に人間の作業を書き加えていき、現場の実態が見えるようにしていきます。

そうすると、システム間でのデータの重複入力をはじめとするシステム設計上の問題やデータ連携上の問題、あるいは人間の作業負担が大きくなっているプロセス、プロセスを開始できるデータが揃うまでの待機時間や待機が発生する頻度などが、誰の目にも「問題」として理解できるようになります。

このトレーニングでは、一見して理解が難しいようなスパゲティ図が描かれますが、それが現場作業の実態なのだと気づかせることに大きな意味があります。

チームメンバーの間でも、他の人がどんな業務をやっているかをよく知らない場合がありますね。図を作成してどんどん書き加えていく過程で、「いつも待ち時間が発生して不満を言っていたけれど、このような作業があると知ったら納得できた」というように、**他のメンバーの労力を察する機会**にもなります。さらに進んで「待ち時間を発生させないために、その前工程で何か労力を減らす工夫がないだろうか」という**ポジティブな意欲を引き出す**こともできます。

そのような気付きや意欲を生む一方で、通常の業務をしているだけでは意識されにくいお客さま側の視点で考えてみることもできますし、ふだんは算出することもない業務時間や待機時間、細かい部分のコストなどの数字を改めて考えることもできます。

88ページの図3のように、ものごとをいくつかの象限にマッピングしてみることで、業務の全体像がくっきりと浮かび上がってくることもあります。

これが「真実の共有」の意義です。

このように視覚化された、奇怪なスパゲティ図はインパクトがあります。チームメンバー全員が、「今までこんな不合理なことをやっていたのか」と思ってくれたら、ひとまず成功です。

管理すべき項目を3〜5項目に絞り込む

次に、スパゲティ化している業務をどう解きほぐして再構成するかを検討するステップに入ります。しかしいきなり全体を対象にしてしまうと議論は拡散しがちで、停滞してしまいます。そのスパゲティの中から、本当に管理すべきことは何なのかを絞り込んでいく作業が必要です。管理項目はほとんどの会社で3つから5つ程度に集約できます。改善がうまくいく企業ほど、管理項目の数は少ない傾向にあります。

例えば、開発業務であれば納期を管理するのは非常に重要です。納期を守るためにはどんなテストをどのタイミングで実施するのか、テストの順番が大事な管理ポイントになります。弊社のコンサルティング業務の場合なら、コンサルタントの細かい管理はせず、そのかわりスタッフのスキルアップにマネジメントの労力を投入します。

あるお客さまでは駐車場の事故率を下げるというテーマで管理項目を挙げていったところ、交通整理や信号灯や駐車場レイアウト、人員配置などさまざまな管理項目が出てきました。何がいちばん効果的なのかを考えていくと、最終的には車両がバックで走行するときの危険度を下げるという項目1点に絞り込めました。そこで積み下ろし場所で回転や切り返しの必要がないように通路を一方通行にして管理するというシンプルかつ効果的な結論を早期に導き出すことができ、すぐに事故率を大きく低減できました。

個別的な業務を考えていくと、管理項目は100や200に及ぶことがありますが、実際にはそんなに管理できるわけがありません。テーマに沿って絞り込んでいけば、本当に大事な管理項目は数項目にすぎないことがわかってきます。

絞り込みの具体的方法（準備）

管理項目を絞り込むにはまず現状認識を共有する必要があります。次のような項目でチームで議論してみましょう。

「職場でどのような問題が再発していますか」
「自分、または自分のチームで問題解決がうまく進行していないと思う点はありますか」
「問題解決がうまくいった経験はありますか。それはどのような経験ですか」

この質問でチームメンバーが現状や課題をどう考えているかが、お互いにわかります。

これができたら次に、「**お客さまが何を求めているか**」を考えてみましょう。ここでいう「お客さま」は実際の顧客先企業や消費者でもありますが、社内の次のプロセスを担当するチームと置き換えて考えてもいいです。

現場の課題を考えていると、たいていは自分たちの仕事をラクにすることだけを考えがちです。もちろん改善の目的は自分の幸せを削ぐものをなくすということですから、それも考えるべきですが、本来はお客さまを満足させる、商品を買ってもらえるようにするのが大目的であるはずです。お客さまの立場での視点が抜けてしまうと本末転倒な結果になる可能性があります。

ここで大事なのは、**上司や経営層は「お客さま」ではない**ということです。**あくまで仕事がつくり出す価値を求めるお客さまの視点**で考えてみましょう。すると、あるべき姿（＝お客さまが求めるもの）と現状とのギャップが見えてきます。

絞り込みの具体的方法1　現状とあるべき姿のギャップを探る

次にすべきことは、クローズアップされてきた現状とあるべき姿とのギャップの原因を探ることです。次のようなポイントで考えます。

・**何が問題なのか**＝管理ポイントを絞り込むテーマを決める（例「物流拠点の駐車場での事故率を減らす」など）
・**問題が生じた背景**＝この問題が生じた経緯（例「販売増加でトラックの出入りが増加して危険度が高まった」など）
・**問題の全体を理解するための情報**＝関連情報。できるだけ図面や写真を利用する（例 駐車場マップ、車両や歩行者の動線図、事故多発箇所の写真や発生状況グラフなど）
・**問題の大きさ、重要度**＝リスクの程度（例 事故が起きた場合の損害、車両の損害や納品遅れなどに伴う損害の賠償など）

絞り込みの具体的方法2　MECEを意識して問題を整理する

現状の問題の発生経緯や現状が理解できたら、次は現状の問題を整理していきます。そのときに意識するとよいのは、「**MECE**」(Mutually Exclusive and Collectively Exhaustive）と呼ばれる概念です。これは、複雑な事柄を整理するときの考え方で、Mutually（相互に）、Exclusive（重複しない）、Collectively（全体に）、Exhaustive（漏れがない）という言葉の頭字語です。

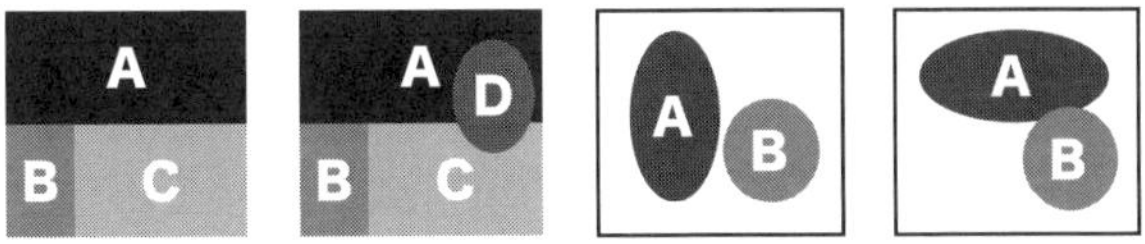

図５　MECE を意識した問題整理（左端がよい例）

ＭＥＣＥはものごとの全体を整理していきますが、整理の過程でダブりをなくし、漏れがないように切り分けていきます（図５左端）。議論が錯綜するのは、全体が捉えられているが、一部の問題がダブっている場合（図５左から２つめ）か、全体が捉えられておらず、一部だけを見ている（漏れがある）場合（図５の３つめ）、あるいは一部だけを見ていてしかもダブりがある場合（図５の４つめ）です。図の右側３つの例では議論がなかなか進みません。

例えば、駐車場の管理には入口・出口でのトラックの混雑、待機車両の駐車スペースの問題、通路の速度制限や駐車・転回禁止ルールの順守状況、荷の積み下ろしに関わる作業手順や場所の問題など、細かいことを挙げていくと収拾がつかなくなります。ですが、例えば入口、出口の管制、通路の管制、荷の積み下ろし場所の管制といったダブりのない、しかも全体をカバーする3要素に集約できるとすれば、それぞれの要素について詳細を議論していくことができます。こうすれば効率的でムダのない議論になりますね。

ＭＥＣＥはロジカルシンキングを説くときによく言われるのですが、「そもそも全体的に漏れがないってどういうこと？」とか、「多様な問題をどう収束させればいいかわからない」などと悩む人も多いことでしょう。私はとりあえず物事を三つの観点から考えることをお勧めしています。例えば「お客さま・会社・従業員」それぞれの観点から一つの事業を考えてみる、あるいは「やる気・スキル・職場環境」というそれぞれの観点で組織を見直してみる、というように、物事の観点を三つでいいので切り出してみることです。

私はこのように物事の観点を切り分ける技を身につけたおかげで、思考のスピード化ができたと思っています。そのせいで周囲から過剰評価をされているような気さえするくらいです（苦笑）。

ともあれ、ＭＥＣＥを意識して議論していくと、問題はより的確にチームメンバーに共有されていきます。問題の認識が同じになれば、最終的に出てくる結論も同じになる可能性が高くなります。

問題点　荷の積みこみ作業が滞り、トラックの待ち時間が多い

Why ?　なぜ荷の積みこみに時間がかかるのか？
→トラック到着後に積み込む商品を用意しているから

Why ?　トラック数台が順番待ちしているのになぜ到着後に用意するのか？
→トラックごとの行先や積荷の情報が出荷現場に事前に届かないため

Why ?　なぜ行先や積荷情報が出荷現場に届くのに時間がかかるのか？
→トラック運転手が荷受伝票を持っており、すぐに現場に届かないから

Why ?　なぜ荷受伝票がすぐに届かないのか？
→倉庫入口受付で伝票記入、運転手がそれをもって待つスタイルだから

Why ?　なぜ運転手が伝票を出荷現場に持っていかなければいけないのか？
→慣習だから。この慣習を廃止して電子化すれば改善可能

改善案　倉庫入口受付でトラックの行先・積荷情報を受付システムに入力、現場のディスプレイにリアルタイムに情報掲示して出荷作業の時短が可能

図６　問題の根源を突き止めるための５つの「なぜ」

問題解決を考える

問題が整理できたら、個別に解決方法を考えます。基本的には、その問題が発生した原因を探り、解決のためのアイディア・提案を出していきます。問題の原因追求には、「なぜそうなっているのか」を5回繰り返すのが効果的です。本当に対処すべき問題の根源が見えてきます（図６）。

問題の根源が見えてきたら、やはり図を使って、仕事の流れのどこをどのように改善するのかを描いていきます。細かいところを詰めるのは後回しでよいので、問題箇所がどうなっていれば、よく

なったと判断できるのかを定義します。

また解決実現のためには、**誰が責任をもち、いつまでに、何を行うか、そのコストは大きいか小さいか、いくつもの行動が必要だとすれば、その順番はどのようになるのかを決めていく**ことになります。「**何を・どうやって・誰が・いつ**」やるのか、そして「**なぜそれをやるのか**」を議論し、チームメンバーでアクションプランを共有します。

こうした、問題発見から解決に向けた一連の活動が、私の考える「見える化」であり、「真実の共有」です。

チームミーティングのファシリテーターとなるときの注意ポイント

こうした「見える化」ミーティングに限らず、何らかの会議には、主にマネージャーが進行役（ファシリテーター）を務めることが多いでしょう。しかし、ファシリテーターは会議メンバーの上に立って、上から目線でものを言う人であってはいけません。ステップ2で解説した心理的安全性に配慮した進行の姿勢や言葉選びが必要です。

日本企業では一般的に会議は「多すぎる」「ムダが多い」「参加しても意味がない」「何

も決定しない」という評価がされることが多く、一般従業員に聞くと、たいていは「面倒なこと」や「嫌な仕事」と考えていることがわかります。本当にそうなら、たいへんな時間のムダ遣いですね。

実際に企業の会議を見てみると、そこまで役に立たない会議ではない場合も多いのですが、「会議に費やす時間などのコストと、会議の成果は見合っているのか」という疑問を抱くことはよくあります。つまり効率の悪い、不活発な会議になっていて、成果があってもとても少ないのではないかということです。その多くのケースで、進行役を務める人のスキルが低いのではないかと思うこともあります。私自身がファシリテーターとして、お客さま企業の会議にアテンドする機会も多いのですが、私がいつも気にかけているポイントは次のとおりです。

- 謙虚さ
- 課題を自分ごととして捉える
- 誠実さ
- お客さまのメリットと現場の仕事の効果を第一に考える

・仕事の意味を理解し、簡単に妥協しない
・存在感を示す
・遊び心

謙虚さ

相手は自分よりも格下だと思ったら議論は進みません。職制では下位の人でも、自分より優れている部分があるはずです。その部分を見つけると自然に謙虚さが生まれます。ファシリテーターが自分に敬意をもって接してくれると感じたら、その人の心理的安全性は保たれ、忌憚のない発言をしてくれます。

課題を自分ごととして捉える

課題を他人ごととして考えていては真剣な議論になるはずがありません。自分自身の問題として課題を捉えるのはもちろん、ミーティング参加者も「自分ごと」としてテーマを捉えられるよう、「このようなリスクがあると、○○君の仕事にも悪影響が出てきますね」というように適切な言葉がけをするとよいでしょう。

誠実さ

正しいこと、善いことをしているという確信があれば、誠実さが自然に生まれます。「これを実現したら上役に評価される」というような考え方は、お客さまに対して誠実ではありませんね。仕事の目的はお客さまの満足であり、その次に現場の仕事から幸せを削ぐものを省くことが大事だということを常に意識していると、メンバーから信頼されるファシリテーターになれます。

お客さまのメリットと現場の仕事の効果を第一に考える

お客さまに提供できるメリットは何か、そのメリットを最大にするにはどのように仕事をすればよいか考えることは、何よりも優先しなければなりません。仕事の目的は世の中に価値を提供していくことですから、より効果的に、お客さまに価値を認めていただき、満足していただけるように考える心構えが重要です。

仕事の意味を理解し、簡単に妥協しない

チームメンバーの発言を極力広く取り上げて議論の俎上に乗せる柔軟さは重要です

が、仕事の本来の意味を考えて安易な妥協をしない頑なさも一方で必要です。例えば納期が短くなる提案でもそれによって品質が低下するなら、それを補う新たな提案を求めなければなりません。そのような基本的な原理・原則は曲げない強さが必要です。

存在感を示す

ファシリテーターにはみんなに自信を与えられるような存在感が必要です。私はできるだけ明るくふるまい、メンバーと一緒に考えることを意識的に実践していますが、メンバーよりも一歩先を認識しています。その一歩先の認識にたどりつけるようにさまざまな方法でメンバーを支援しますが、自分で最適と思う結論に導くことはしません。あくまでメンバーが考え、自分も同意できる結論を探り出すことに専念します。

遊び心

本音が言える会議であっても、やはり問題を指摘し、その解決を考えていく過程には面倒な部分があります。善いことをしようとする意思が、他の人を苦しめてしまうこともあります。そんな面倒くささや苦しみは、本当に本音をさらけ出しあえれば解消可能なものです。そのためには、なるべく遊び心をうまく会議に含めたいものです。冗談を言ったり、会議スペースをいつもと違うリラクゼーションスペースで行ったりと工夫して、チームが砕けた雰囲気で話ができるようにもっていくことも重要です。

なお、どんな案件の会議でも、議論が進むうちに出てくる案に対して**参加者の2割は否定的**になり、**他の2割は積極的**になり、**残りの6割はどっちつかず**で、どちらかが優勢とみたらそちらに与するように行動します。ファシリテーターとしては、**積極的な2割の人の案に時間と能力を注ぎ**、具体的な行動実践に向かう方向に進めるのがよいでしょう。もちろん、否定的な人の言うことにも理がある場合もありますので、「一回この案で実験してみよう」というように模擬的な実践をしてみることが効果的な場合があります。

「見える化」ができると管理作業が減る

さて、「見える化」の概要はおわかりいただけたでしょうか。業務の見える化にはなかなかたいへんな部分がありますが、簡単に視覚的に現場状況を理解できるようにすることは、非常に簡単にできます。見たくなくとも見えてしまう「見える化」ですね。

業務進捗状況などは、紙にスケジュールを描いて貼り出し、常に進捗状況を色分けして書き足していくようにすれば、メンバー全員の目に嫌でも進捗状況が飛び込んできます。それだけで毎日・毎週の進捗報告会が必要なくなるかもしれません。

また、**ビジュアルな資料の作成**も大事なことです。私の経験では、数十ページを要するような報告書をビジュアル化することに挑戦して、ついに2ページのコンパクトな資料にまとめたことがあります。それは大手保険会社に勤めていた時代のことでしたが、まず1ページめに従業員の仕事の流れをフロー図にして、個々の業務に携わる従業員の人数をフロー中の業務を表す四角形の大きさで示しました。仕事にどのように人が関わっているか、手薄い部分と余剰部分がひと目でわかるのです。全部で50のチームがありましたが、リソースのばらつき活用状況が簡単に把握できました。また、もう1ペー

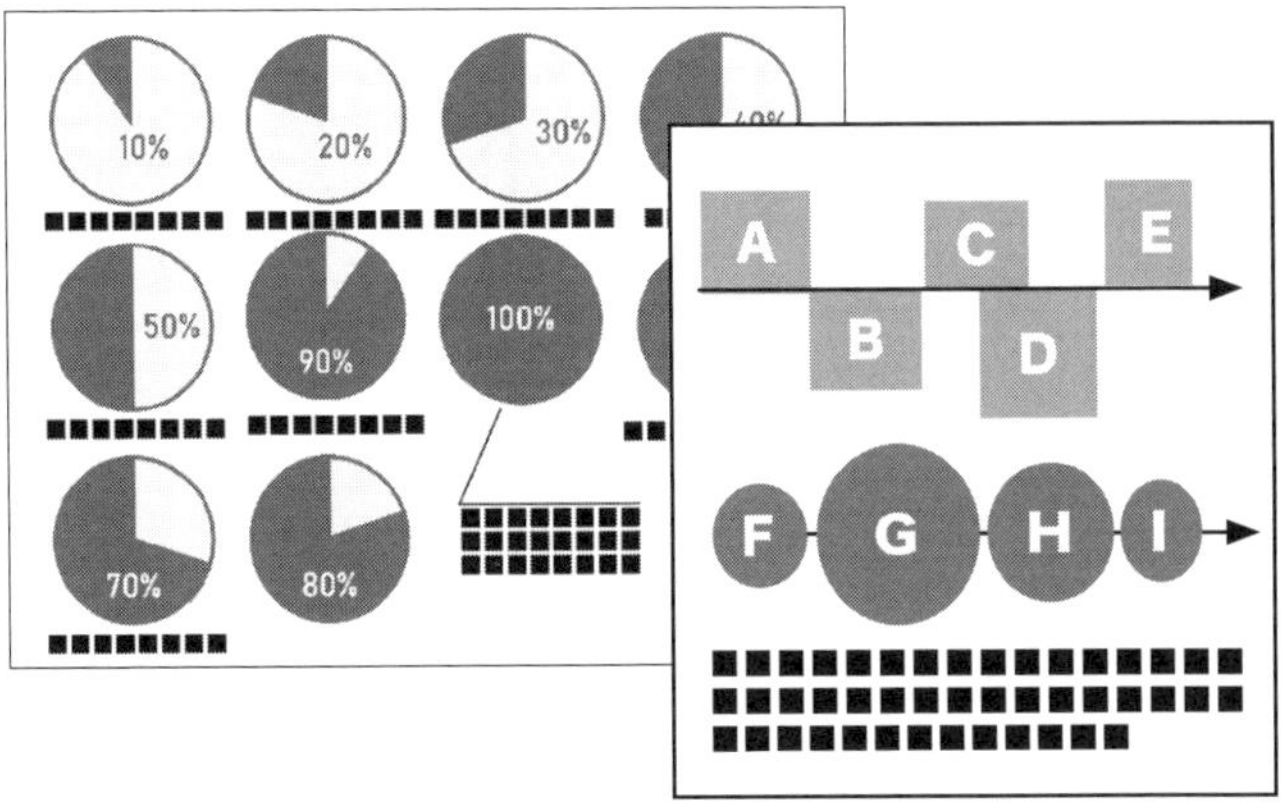

図７　ビジュアルな資料で「真実の共有」が迅速に

ジには各部門の能力マップを示し、例えばＩＴ部門で不要システムを削減してコストは１億円削減、労働時間は３００時間削減していることなどをビジュアルに示しました。この２つのビジュアルマップにより、現状の改善状況がどのように進んでいるのか、これから注力していく部分はどこなのかが、簡単にわかるようになりました。これにより、部門をまたいだ改善の取り組みの道筋が明らかになり、会社全体としての生産性が上がっていったのです。

　このように、文字どおりの「見える化」は、**状況把握とそれに基づく意思決定をはるかに迅速にする**効果があります。また、**余計な資料の作成や、ムダな会議を抑える**効果もあります。

　また資材や道具の所在を示すプレートやシー

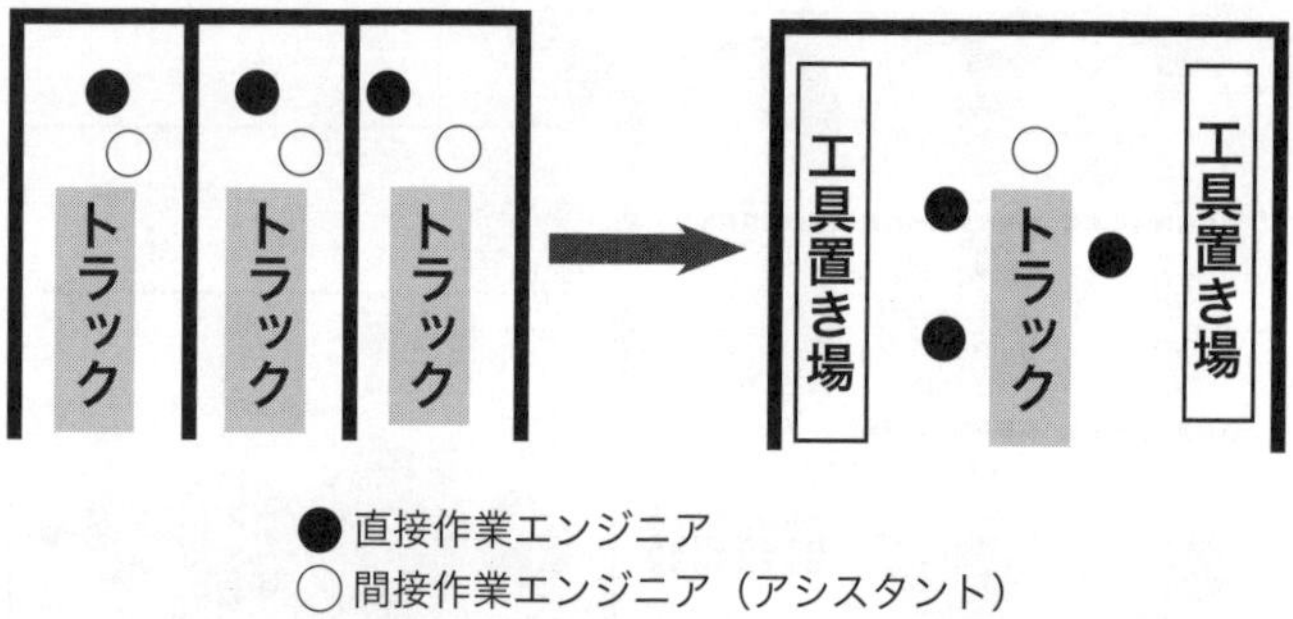

図８　自動車修理工場の改善例

ル、作業段階を示すパネル（作業中、搬送待機中、完成品など）などを掲示するだけでも、**管理項目を減らす**ことができます。

ある自動車修理工場の事例では、３つの修理作業エリアにそれぞれ２人のエンジニアを配置して１台のトラックを修理していました。今までより効率を上げたいと考えた同社は、作業エリアの図を描き、人の配置もそこに書き入れて、作業の動線を視覚化しました。その過程で作業エリア間で道具の取り合いが起きていて、作業を待機したり、道具を探すのに多くの時間を費やしていることがわかりました。

また、この工場ではコンピュータを使って作業管理をしていましたが、そこで管理している項目は、作業効率、作業エリアの使用率、部品の売上、従業員数、残業時間など多岐にわたり、どれを計測して管理すればよいのかわからなくなっていました。しかし調査してみると、経営層が望んでいるのは、リードタイム（作業時間）を短縮して、お客さま満足度を上げたいという、コンピュータの管理項目とは違った観点での成果を期待しているのでした。

そこで作業エリアを1つに統合し、そのエリアの両側に道具を配備して、4人が同時に作業にあたることを提案しました（図8）。1台の修理に2倍のリソースを使い、道具の取り合いもなくなり、アウトプットは2倍以上になりました。お客さま満足度は上がり、人件費コストも適正化することができました。図を描いてシミュレーションをしてみたからこそ、現場も経営層も納得する改善ができた例です。

以上、ステップ3では「見える化」の効用と、スパゲティ状に複雑になっている業務をシンプルにするための「見える化」実践のための方法を紹介しました。「見える化」で現場の真実がチーム全員に共有されると、それまで個人の集まりに過ぎなかったチームが、同じ目的をもち、同じ方向に進む仲間に変容してきます。そこで生じるのが「助け合い」です。ステップ4ではこれについて説明します。

Step3 のチェックポイント

Step4 に進む前に、職場の「見える化」ができているかどうかをチェックしてみてください。網かけ部分は最低限の「見える化」ができているかどうかの指標になります。せめてこれだけでも達成できれば、次のステップに進むことができます。

□	仕事の進捗状況がすぐに目に入る（進捗状況が壁に貼り出されている）。
□	一番気にしていることが、すぐにわかる。（例 お客さまの求めていることと、現状のギャップが整理されている）
□	進捗会議の数が半分くらいに減った。
□	チームミーティングの内容が濃くなる一方、ミーティング時間は短縮した。
□	チームの他のメンバーに業務状況を尋ねなくとも把握できるケースが多くなった。
□	これまでの業務プロセスの全体像が理解できて、問題点を見つけることができた。
□	改善提案を１つでも考えることができた。

Step 4

助け合いがしやすくなる仕組みをつくろう

ステップ3までの内容が実行できたら、もう3割以上の改善ができています。さらに組織の基礎力を高めるには、「助け合い」の観点が重要です。これには、仕事の全体像と、自分のチームや他のチームが全体のどの部分を担当し、どのような業務内容になっているかがお互いに理解できていることが前提になります。他のチームに「何でこんなことができないんだ」と言う前に、「おそらく作業のここでつまづいているか、問題が起きているのだろう」と推察することができると、会社全体の雰囲気が変わってきます。だからこそ、業務の可視化がどうしても先に必要なのです。では、「助け合い」を組織文化にするために、どんな取り組みをすればよいのでしょうか。

業務負荷のばらつきを管理やルールではなく「助け合い」で吸収

「助け合い」というと、お互いにもたれかかり合うようなイメージもあるかと思いますが、まったく違います。仕事を完全に均等に従業員に割り振ることは不可能で、忙しい人とそうでもない人はどちらも常にいます。時にはそうでもなかった人が突然多忙になることがありますし、忙殺されていた人がひと仕事終えると何もやることがなくなり手持ちぶさたになることもあります。このような業務負荷のばらつきを解消するように、会社の労務管理や人事担当者がうまく負荷を分散できるように考えるのですが、現場で**突発的に生じることもあるリソース不足やトラブルにも対応できるように人員配置するのはほとんど不可能**です。だから現場での「助け合い」がどうしても必要なのです。

日本人と欧米人との仕事上の「助け合い」の感覚の違い

少し話が横道にそれますが、「助け合い」について考えるとき、欧米をはじめとした主にキリスト教文化圏の人と日本人との共通点と違いを知ることは、海外進出を図る企業や、海外人材を受け入れる企業にとって大切なことですので、これについてちょっとだけ触れさせてください。

あくまで私の感覚ですが、日本人は「和」を尊ぶカルチャーがあるためか、社会でも企業内でも仲間と仲良く仕事や生活を営むことに大きな価値を感じている人が多いですね。私自身もその価値観を共有していますし、日本独自の文化のように思っていたこともありましたが、実際に海外で暮らし、仕事をしてみると、本質はそう変わりがないように感じています。

誰かが困っていたら手をさしのべて助けてあげたくなる感情は洋の東西を問わず同様

です。よく欧米は個人主義、日本は集団主義といわれますが、個人主義の国だからといって自分だけがトクすればよいと考えるわけではなく、基本的には他人を助けるのは当然だという感覚が欧米人にもあります。

ちょっと私個人の経歴にも触れておきましょう。私の父母は南アフリカの出身で、父はキリスト教の宣教師でした。来日して布教に努めるかたわら会計士の仕事に就いて、母とともに北海道で暮らしているときに私が生まれました。私は日本の公立小学校や中学校、高校で学び、一時的にはカナダや南アフリカの公立の学校にも通っていました。ですから私は**日本生まれの日本育ち**です。

その後カナダの大学に進み、通訳の仕事をきっかけにコンサルタントの道に進みました。開業したのはアメリカです。4ヵ国の教育システムで素養をつけ、北米の会社の改善コンサルタントとして経験を積みました。その中で日本的経営についても研究し、海外企業の日本支社に求められたのをきっかけに日本に戻って、国内企業への改善コンサルタントを始めました。コンサルティングサービスのお客さまは大企業から中小企業まで、業種は製造業、保険業、サービス業など多岐にわたります。こうした経験を通し、日本の企業文化のよさも、海外の企業文化のよさも十分理解しているつもりです。

欧米の文化の根底にはキリスト教的な道徳や考え方が根強く存在しています。聖書には「隣人が喜ぶことを求める」助け合いの精神が説かれていて、それは日本人が伝統的に育んできた**「和」の精神**と共通するものがあると感じます。企業文化としても、どの国の会社にも根底には助け合いの精神があると思います。ただ、その現れ方には違いがあります。

欧米企業の場合は、人の和を重視するというより、結果が出せずに苦しんでいる人を助けるという意思のほうが強いのです。日本では従業員同士が一体感をもって、家族的に結合してともに目的に向かって一丸となって前進しようとするので、それがうまくいっている時には非常に大きな成果を生みますが、うまくいかない時には「身内の恥を隠す」方向に向かうこともないとは言えません。悪いことにはフタをして、対立したり和を乱すことがないように行動するケースも時には見られるようです。これは「**その場しのぎの和**」「**小さな和**」ですね。これが日本人の大きな弱点です。

本当の日本の大きな和は、都合が悪い身内の真実を隠して和を保つことではなく、他人のことを思いやり、自己犠牲を払いながら構築していくものだと私は考えています。だからこそ価値があるのです。

欧米企業では真実の隠蔽がないなどとは言いませんが、**人との関係を良好に保つことよりも真実を求める**傾向が強いと感じています。真実を求めることは、ものごとを客観的に見るということでもあります。職場の従業員や上司の好き嫌いや一緒に働きたいか働きたくないか、あるいは仲間うちで共有している問題を外部に漏らしたら連帯意識が崩れる不安を覚えるといった主観的な感情は二の次で、仕事の結果が正しいのか、そうでないのか、自分がやっていることが客観的に（あるいは神様の目から見て）善であるのかないのか、という視点です。

自分は正しいことを行っているという自信がありますから、時にトラブルが起きると「お前のせいだ」と他人を追及することも起こりがちです。これは「和」の精神とは相反しますが、実は正しい仕事の結果を出したいので、どこに問題があるのかをはっきりさせたいと思っているのです。ですから原因が判明すれば、正しい結果が出るように、追及した相手とも協力して修正に取り組むことができます。ただ、職場の一体感や仲間との連帯感によるモチベーションは日本に比べて薄いようではありますね。

これは、どちらがよいかという話ではありません。日本人対欧米人との対比で説明しましたが、欧米人のように考える日本人もいれば、日本人のように考える欧米人もいます。助け合いを考えるときには、**表面的には相反する思考形態を理解**して**バランスのとれた助け合いの方法を見つけていく**ことが大事だと考えます。

典型的な「助け合い」の事例

では、「助け合い」がうまく行えて成果が出た事例を4つ挙げてみましょう。

事例1　ベテラン社員への業務集中を回避

あるメーカーでは、製品テストの量が多く、担当者のAさんが疲弊していました。Aさんは優秀な技術者だったため、彼のもとに難しいテストが集中していました。高度なノウハウがいる業務なので、自分と同じようにできるスタッフが少なく、さりとて納期を遅らせることはできないので、1人で残業につぐ残業を重ねて頑張りましたが、それでも間に合わないため、ついに一部のテストを未実施のまま合格認定してしまいました。これは重大な規則違反です。

再発を防ぐため、マネージャーは他のスタッフにワークロードを分散して解決しようとしましたが、人材不足の折から同じように実施できるスタッフが得られません。困ったマネージャーはチームミーティングでAさんの業務の「見える化」に取り組みました。そこではテスト業務を細かい単位に分解し、誰かが手伝える部分がないかを探りました。その結果、テストベンチを作成したり解体することにはあまりノウハウがいらないことがわかりました。またテスト用の資料や道具を用意するところも、必ずしもベテラン技術者が行わなくてもよいこともわかりました。そこで、少し未熟ではあってもやる気のあるスタッフが、あまりノウハウがいらない部分の業務を肩代わりすることで、熟練技術者を増やさずにテスト部門の負担軽減を実現しました。

一般的にはスキルが違うと業務の肩代わりができないのですが、この事例では**業務の「見える化」**を行ったのがポイントです。その結果判明したベテランがやらなくてもよい業務に低コストな人材を補充して成功したのです。マネージャーが人材の割り振りを計画するとマネージャーの負荷が高くなって現実的ではありませんが、業務の「見える化」ができていれば、**現場スタッフが「ここは手伝える」という部分を見つけて**くれます。手伝った結果、その部門の成績がよくなりますから、手伝ったスタッフの評価も上がります。これが「助け合い」の効用です。

事例2　特定曜日に業務が集中するチームがお互いにスタッフを派遣

ある保険会社では、処理すべき業務が週のうち水曜日に激増するAチームと、金曜日だけに業務が激増するBチームがあり、その両日だけ各チームが長時間残業しなければならないことに悩んでいました。ノウハウが必要な業務であることと、他の曜日は比較的業務量が少ないこともあり、人材コスト面からも簡単にスタッフを増員することはできません。

この会社でスタッフの**スキルの「見える化」**を行ったところ、Aチームの仕事とBチームの仕事の両方ができる優秀なベテラン人材が両チームにいることが明らかになりました。そこで、水曜日にはBチームからベテラン社員がAチームに加勢し、金曜日にはAチームからベテラン社員がBチームに加勢するようにしたところ、どちらのチームも業務集中日の負荷が軽減し、残業時間削減が実現しました。

これはその部門のチームに優秀な社員が3名以上いることが前提になります。週に1日だけなら1名が抜けてもチームの仕事の労働強度はあまり変わらず、悪影響が出ないことがわかっていたために実行できました。とはいえベテラン社員が嫌がったらどうにもなりませんね。ベテラン社員だけに、業務集中のつらさがわかっているから助け船を出すことができたとも言えます。これも「助け合い」の精神です。

事例3　エキスパート人材を遊軍部隊に編成

ある自動車整備会社では、車検整備と一般整備を別々のチームで実施しています。車検整備と一般整備の依頼件数は常に変動しており、どちらも1日の整備台数を正確に予測できず、現場では両チームのどちらかの業務負荷が増大して対応しきれなくなることがよくありました。

自動車整備のスキルは車検でも一般整備でもほぼ変わりはありません。同社はどのプロセスにも対応できる人材を集め、遊軍部隊＝マルチ班として編成しました。このエキスパートチームは、車検整備でも一般整備でも、助けが必要なところに駆けつけ、ノウハウを生かしてリソースの不足分を補填します（図1）。

このようなチームが編成できるかどうかは場合によりますが、いつでも**頼めば助けてくれるチーム**があることは大きな安心につながりますし、**ベテランのノウハウを各プロセスのスタッフに伝える**教育的な効果もあります。

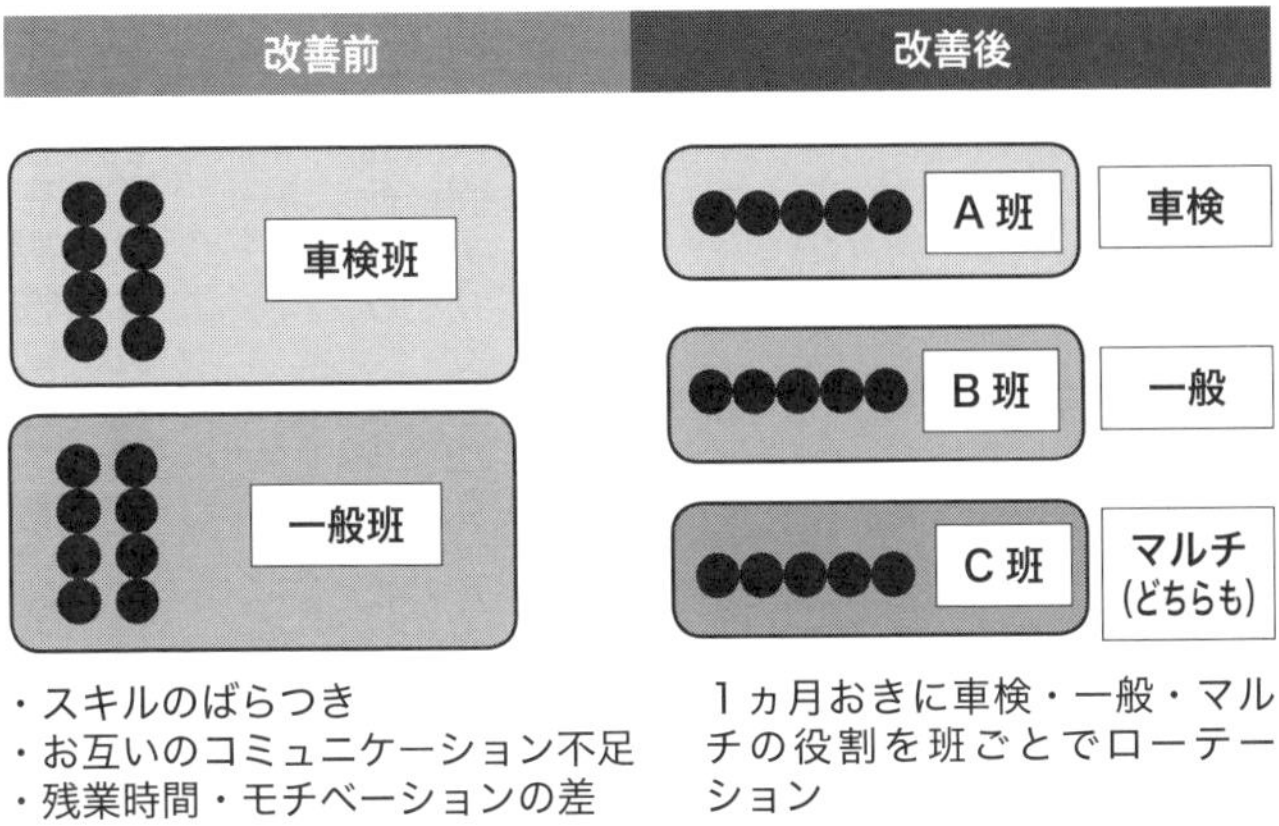

図１　事例３の専門エキスパートチームの編成例

事例４　部門間でできる範囲で協力

ある計器メーカーでは、製品の出荷可能上限が１日に１０００個までなのですが、それは物流拠点に向かうトラックへの荷積みの労力の上限で決められていました。しかし注文は時には１日に１５００個などに及ぶことがあります。このような場合には、出荷の担当スタッフだけでなく他部門の社員、時には総務社員までも荷積みに協力し、発注元に納期変更を申し入れることなく出荷を無事に終えていました。荷積みは単純な作業ですから、どの部門の人でも対応できます。できる範囲内で、他部門の人も協力して突発的なリソース不足に対応できるようにした事例です。出荷に協力して**本来**

の職務を犠牲にしても、高評価がつきこそすれ、何らかの不利益を被ることがないような社内のルールを策定したことが、このような柔軟に対応できる文化をつくりました。

このように、忙しい部門をそうでない部門の社員が助けることは、例えば20人規模程度の会社なら「ちょっと助けてくれ」と言うだけで済みます。誰でも手空きなら自然に助けに向かうでしょう。それは小さな会社だけにそれぞれの人がどんな仕事をしているのかをみんながよく知っていて、自分が手伝える作業の内容も知っているからです。しかし、１００人を超えるような会社では、自分の部署以外の部署が何をしているのか、詳しく知っているほうが稀です。業務を知らない自分が助けに出かけても、何をすればいいかわからず、かえって邪魔になるのではないかと思ってしまいます。

また、多忙で困っている部署でもなかなか「助けてくれ」とは言い難いものです。それが自分の評価を下げることにつながるからですね。それだけに、ある程度の規模の会社なら、**「業務の見える化」「スキルの見える化」**をふだん行って、少なくとも**自部門の業務と必要なスキルを把握しておく必要**があります。あまりスキルの必要のない業務は、どの部門にも必ずあります。そこに他部門の人の助力を求めることができます。ただ

「手伝ってくれ」ではなく、「この仕事のこの工程だけを引き受けてくれ」と言われれば、それだけならと、他部門の人でも手伝いに出かけることができます。他部門の人に助けを求めるときには、最低限「**手伝ってほしいことの具体的な内容**」「**手伝いを必要とする事情や理由**」「**手伝いに必要な時間**」を示すことが大事です。

「助け合い」を社内文化にするためのポイント

助けた人と助けを求めた人を評価する

さて、気持ちの上では困っている仲間を助けたいと思っていても、それが自分の損になるとしたら、少しためらってしまうのが人情ですね。助けたことが何らかの形で自分の得になるような環境が必要です。ただし、日本企業では「人を助けると褒められる」「自分の評価が上がる」可能性があればそれだけで、他人を助けたいと思う人が多いのです。マネージャーは、自分の部署の仕事の遂行だけでなく、**他部署を助けたことも評価の要素に入れておく**必要があります。助けた人には必ず声をかけて「ありがとう。よく引き受けてくれたね」と言うだけでも、助け合いをするモチベーションが生まれます。

また助けを求める側では、業務の遅れなどによる**損失を協力要請することで防いだと**

評価することも大事です。助けた方も何らかの利益が得られ、助けを求めたほうも同様に評価を高めるという環境をつくることが必要です。

サッカーやホッケーなどでは、ゴールを決めた人以外にシュートしやすいパスを出した人にポイント（アシストポイント）をつける制度がありますね。それと同様に、助け合いに参加した人がみんな評価され、利益を得る仕組みを工夫することが大事です。

ギブアンドテイクの原則を意識する

また、「情けは人のためならず」というように、人を助けたら自分も誰かに助けられるということは実際によくあります。自分は人を助けたことがないのに人に助けてくれという人には、あまり協力したくないですね。やはり、ある部門に助けられたら、その部門が困っているときにはこちらから手伝いを申し出るような、部署間の関係、あるいは人間関係をつくる努力が必要です。助け合いは、ただ一方的に助けられたり助けたりしているだけでは長く続きません。**助け合いもギブアンドテイク**です。まずは最初にギブをしておけば、相手にその代償を払おうという気持ちにさせることができます。そのような関係が築けるように、マネージャーは気をつけていく必要があります。

職掌ルールや賃金差の問題を緩和する

なお、アメリカの場合だとなかなかこうはいきません。アメリカでは従業員の職掌が細かく定義されていて、自分の職域以外に手を出すことは評価を下げる要因になってしまうことが多いのです。また職掌ごとに賃金が定められていることも、簡単に助け合いができない要因になっています。私は海外の会社でその壁を崩そうと、細かい職掌ごとの賃金体系を4つくらいに集約して、賃金差のある職域にも助けにいける環境をつくったことがあります。これにより、従来は組み立て工は整備の仕事を手伝うことができず、整備工は組み立てラインを手伝えなかったのが、相互に助け合えるようになりました。そのように特別な施策をしないとうまくいかないのですが、自分が損をしないことがわかっていれば、海外の人でも積極的に助け合いをしています。

助けたことをポイントで評価する

また、助けに行ったことでポイントが付与される制度もありますね。これはどのような時にどれだけのポイントをつけるか、そのポイントをどのような形でその人の利益にするかが難しいですが、うまく制度運用できれば奏功するかもしれません。法人用のS

NSサービスの中には、誰かに感謝する気持ちをポイントにして、その人に贈ることができるものがあります。このようなツールもうまく使い、**報奨金や人事評価にポイントが反映されるような仕組み**をつくることができる可能性もあります。

助け合いのルールをつくる

スキルの違う部門に助けに行くと、場合によっては作業を教えてもらう時間や作業の段取りの悪さなどから、かえって業務に支障が出る場合があります。助け合いは、管理者である上司などから命じられて行うのではなく、指示を待たずに個人で実行するのがよいのですが、やはり**ルールをつくっておかないと混乱**を招きます。

例えば、他部門のスタッフが手伝ってよい単純でノウハウがいらない作業と、専門性が必要で手伝ってもらっても困る作業を切り分けておき、前者の作業に協力が必要な場合だけ、助けを求めるようにしておきます。助けに行く側も、専門性が必要な作業には手を出さないようにし、そのことを助けを求めた側も了解している必要があります。自動車整備会社の例のようにエキスパートチームを編成した場合でも、どのような場合にどの部分の作業を手伝ってもらうかをルール化しておくと、現場の混乱がありません。

プライドが邪魔をして助けを求められない人への配慮

なお、古参社員などには人に助けを求めることに抵抗感を持っている場合があります。プライドが邪魔をして「助けてくれ」とは言えないのですね。そのような場合は、「助け合い」と呼ばず、「アシストする」とか「支援する」とか、言葉を変えて協力を申し出るとすんなり受け入れてくれることがあります。「助けてあげる」では、上から目線になってしまいますからね。

管理制度やルール、個人のプライドなど、助け合いを難しくしている要因は、個々の会社個別にさまざまあるでしょう。その中でも、少しでもよいので助け合いの効用を従業員みんなで共有できるようにしていくことをお勧めします。

Step4 のチェックポイント

Step5 に進む前に、社内に助け合いができる文化ができているかどうかをチェックしてみてください。一つめの項目は必須項目です。せめてこれをクリアするだけでも、次のステップに進めます。

□	上司に指示されなくても自発的に助け合いができる。
□	助け合いのルールがある。
□	助け合いの専門チームがある。
□	助け合いが一方的でなく、相互に助け合える。
□	助け合いが混乱を引き起こさない。
□	助けを得るために必要な情報を伝えている。
□	助けを求める側、助ける側の双方にメリットがある。

Step 5

お客さまの課題を発見しよう

ステップ1～4までで、改善を実行できる基礎的な組織づくりはひとまず終了です。

各ステップを完全に実行できているかどうかはあまり気にしないで先に進んでください。各ステップ本文末尾のチェックリストの必須項目だけでもクリアしていれば、10パーセント以上の改善は実現できています。

完璧を期すと、いつまで経っても売上や利益の拡大に大きく寄与する取り組みに着手できませんから、どんどん先に進んでいきましょう。

「ムダの排除」「見える化」「本音が言える文化づくり」「助け合える文化づくり」ができてくれば、国内企業の中でも質的に上位クラスに入ることは確実です。その組織力は、みずからが強くなるだけでなく、お客さまを助ける力にもなります。では、ここからは社内の改善ではなく、お客さまにより高い価値を提供していくための改善を考えていきます。以下では、お客さまの問題解決をどう進めるかのポイントを紹介します。

お客さまから痛みを取り去り、快楽を得てもらうのが営業の仕事

営業の基本はお客さまを笑顔にし、何らかの利益を得てもらい、適正な対価をいただくことです。ですからどうしたらお客さまを笑顔にできるのか、どんな利益を求めてい

るのかを突き止めることが肝心です。

人も会社も、「**痛みを避けて快楽を求める**」ものだとよく言われますね。どちらが強い欲求かといえば、「痛みを避ける」ほうだと説く人が多いようです。

もちろん、お客さまが悩んでいること、困っていること、できればやりたくないこと、リスクが高いことなどを解決したり肩代わりすることができれば、お客さまは笑顔になってくれます。でも、できれば「快楽」も得てほしいものです。

コスト削減はどんな企業でもほぼ必ず改善テーマに掲げられます。しかしやみくもにコストを削ると反作用も起こります。本書ではムダを省くことを「従業員の喜びを削ぐものをなくす」ことだと説明してきましたが、世の中にはコストカットでむしろ不幸せになった従業員のほうが多いのではないかと思います。管理者や経営者は嬉しいかもしれませんが、不満がたまる職場では事業成長が難しくなり、やがてはやはり不幸せになりかねません。

私は、お客さまが痛みを避けた上に快楽を感じられるような価値提供をして、その結果、従業員も管理者・経営者も幸せが感じられる仕組みをつくることを目指しています。

お客さまが口に出す課題の背景にある真実の課題を探ろう

ここでは、お客さまの問題解決をテーマにしていますが、お客さまがどんな問題を抱えているのかを明確に理解することはなかなか難しい作業です。お客さまと話をすれば「こんな問題に困っている」「ここを変えていきたいのだが、方法が見つからない」などと、具体的な悩みを教えてくれます。しかし、本当に困っているのが、お客さまが口に出している問題なのかどうか、よく考えなければなりません。

ニーズとウォンツは違う

よく「ニーズとウォンツは違う」と言われます。例えば「監視カメラが10台ほしい」というお客さまがいたとして、なぜそんな台数がいるのかとよく尋ねていくと、本当は従業員の不正行為を抑止したいのだとわかったとします。それなら、機密情報を特定の部屋にまとめ、ICカード方式の電子錠をつければ映像監視以上の効果があるかもしれません。コスト面でもはるかに低く、よりセキュリティを向上できるとわかれば、お客さまは監視カメラより電子錠を選んで満足されるでしょう。

この例では、監視カメラが欲しいのはウォンツ、セキュリティを高めたいのがニーズですね。営業マンは、ウォンツには応えませんでしたが、ニーズに応えることでお客さまにより喜ばれる結果になると考えられます。カメラを10台売ったほうが売上や利益が上がる場合でも、お客さまに喜ばれることのほうが大切です。もしもカメラを売って、たいして役に立たないことがわかったら、その会社との関係はそこで断たれます。ですが電子錠で機密管理の心配事が大きく減って喜んだお客さまとは、その後も継続して良好な関係が保たれ、他の機器を継続的に購入してもらえる可能性が高まります。どちらがよいかといったら、断然後者のほうが望ましいですね。

さらにニーズを深堀りして本当の課題を知る

ただし、ここで突き止めたと思ったニーズが、本当に根本的なものなのかどうかはさらに考えなければなりません。そもそも不正行為を疑わなければならない事情は何なのでしょう。もしかすると物理的な不正アクセスが他の箇所でも頻繁に起きているのかもしれません。それならもっと厳密な入退室管理システムがいるでしょう。また情報システムのほうのセキュリティも同様に甘いことが考えられます。それなら従業員の情報アクセス権限管理やログイン管理、アクセスログ管理などのシステムが必要かもしれません。さらにはもっと基本的なセキュリティやコンプライアンスに関する教育・研修プログラムを必要としているのかもしれません。

不正の発生を防ぐ、あるいは情報資産を守ることがお客さまの究極の課題だと突き止められれば、もっと適切な製品やサービスの提案ができ、それはおそらく、カメラ10台を備えることよりも、はるかに大きな効果をもたらすでしょう。お客さまが表現してくれるのは会社の問題の氷山の一角だけです。水面下に隠れた事実を知ることが、より大きなお客さま満足度につながりますし、当初希望の製品を利用した場合よりもずっと効果的な問題解決に至ることができます。

お客さまの真実の課題を知るには、まず接点となる人を選ぶこと

さて、お客さま自身が、自社の真実の課題を意識できていないとすれば、意識下には必ずあるはずの本当の課題を探り出す工夫が必要です。それにはどうしたらよいでしょうか。

ステップ1～ステップ4までの取り組みをしてきた方なら、自分の会社のどこにムダがあり、会社の真実を「見える化」したうえ、社内文化を改革することに着手済みで

す。世の中の多くの企業より、自社のほうが改善の経験値が高いのです。ですから、その経験をもとによその会社を見たとき「業務に多くのムダがありそうだ」とか「本当に解決すべき問題が隠蔽されている」「意識にのぼっていない問題点がたくさんありそうだ」と気づくことが多くなるはずです。また「この会社は風通しが悪い」「社員が何か萎縮している」「活気がなくてあまり幸せそうに見えない」など、会社の雰囲気の悪さは、その前から感じとることができるでしょう。**組織力を高めてきた会社だからこそ、相手の会社の未熟な部分が鮮明に見える**のです。

コンサルタントの私なら、そんな部分を見て「組織の改善に取り組みましょう」と言うところですが、皆さんの場合は、その会社を自社の製品やサービスでどのように幸せにできるかを考えることになります。そのとき、相手の会社は自社とは違い、ムダがたくさんあり、業務が「見える化」できていないために真実が共有できておらず、本音が言えず、助け合いもできない状態にある可能性があるという前提で考えるべきです。

つまり、会社の真実が明確に見えていないお客さまの担当者が口に出す「課題」は、本当の課題ではない可能性が高いのです。

キーパーソンにアプローチ

例えば、大きな会社の購買部の担当者には、購買する製品の価格しか見えていない場合があります。それを使う部門のユーザーの声を聞いたこともなく、何に使うのかもわからないのに、ただ安くしろと言う担当者も多いのです。その製品が欲しいという業務部門のユーザーには、その製品を必要とする何らかの事情があるはずです。その事情を購買担当者から聞き出そうとしても無理です。積極的な提案もできませんから、そんな場合はどうにか業務部門の発注主の話が聞けるように力を尽くす必要があります。

どんな人と話ができればよいかと言えば、部門の決裁者である部長クラスの人が最適ですね。これは購買部との関係があれば、窓口担当者からうまく聞きだすことができるかもしれませんし、会社の組織図で販売対象になりそうな部署を特定して、その部署の部長クラスの人をインターネットで検索することもできます。

また部長クラスの人でなくとも、対象部門の社員とどうにか接触することができれば、少なくとも部長のフルネームくらいは教えてもらえます。フルネームがわかれば直接アプローチできますね。

そのようになんとか努力してキーパーソンに面会できるようにすることが大事です。

ただ、上位の役職者は例外なく多忙です。そう簡単には会ってもらえませんし、面談が許されても時間は限られています。そこで私がお勧めするのは、**何かスペシャルな提案を最初からぶつけてみる**ことです。それが受け入れられなくても、何が間違っているのか、何が足りないのかがわかり、次の提案への踏み台になります。これがキーパーソンとの関係構築のきっかけになります。

最初の提案は営業チームが課題を予想してつくる

でも、最初の提案をどのようにつくるかが問題ですね。

これは主に営業チームが知恵を出し合って検討するしかありません。もしお客さま企業に親しく話ができる上級マネージャークラスの人がいる場合だと「課題は何ですか」と聞いたり、「こんなテーマで課題をあぶり出す従業員アンケートをとってはいかがですか」と提案したりすることができなくはありませんが、たいていは煙たがられ、拒否されます。そんな面倒を押し付けられるのはごめんだとはねつけられるのが普通です。

そこで何をやるかというと、対象の会社の情報をできるだけ集め、同業界のライバル会社の情報も集め、市場動向やブランドの社会的評価などの情報を加え、時間が許す限り、考えられる限り情報を分析して、対象企業の対象部門の課題を予想します。

予想のポイントは次のとおりです。

・**何を聞いているか**（市場変化や競合企業動向など）
・**何が見えているか**（会社内外の環境変化、社内で生じている各種課題など）
・**何を考えているか**（会社や部門の未来計画、将来像など）
・**恐れていることは何か**（競合他社にシェアを奪われる、新製品開発が遅れるなど）
・**期待・希望していることは何か**（市場シェア拡大、市場リーダーになれる画期的製品開発など）

おや、どこかでこれを見たことがありませんか？　そう、実は88ページの図で紹介した「見える化トレーニング」の議論テーマと同じです。自社で取り組んだような「見える化」を、お客さまの会社に適用してみるわけです。

それぞれのポイントを営業チームメンバーで予想し、キーワードをボードに書き出して整理します。するとだんだん、当たらずとも遠からずなのではないかと思える案がま

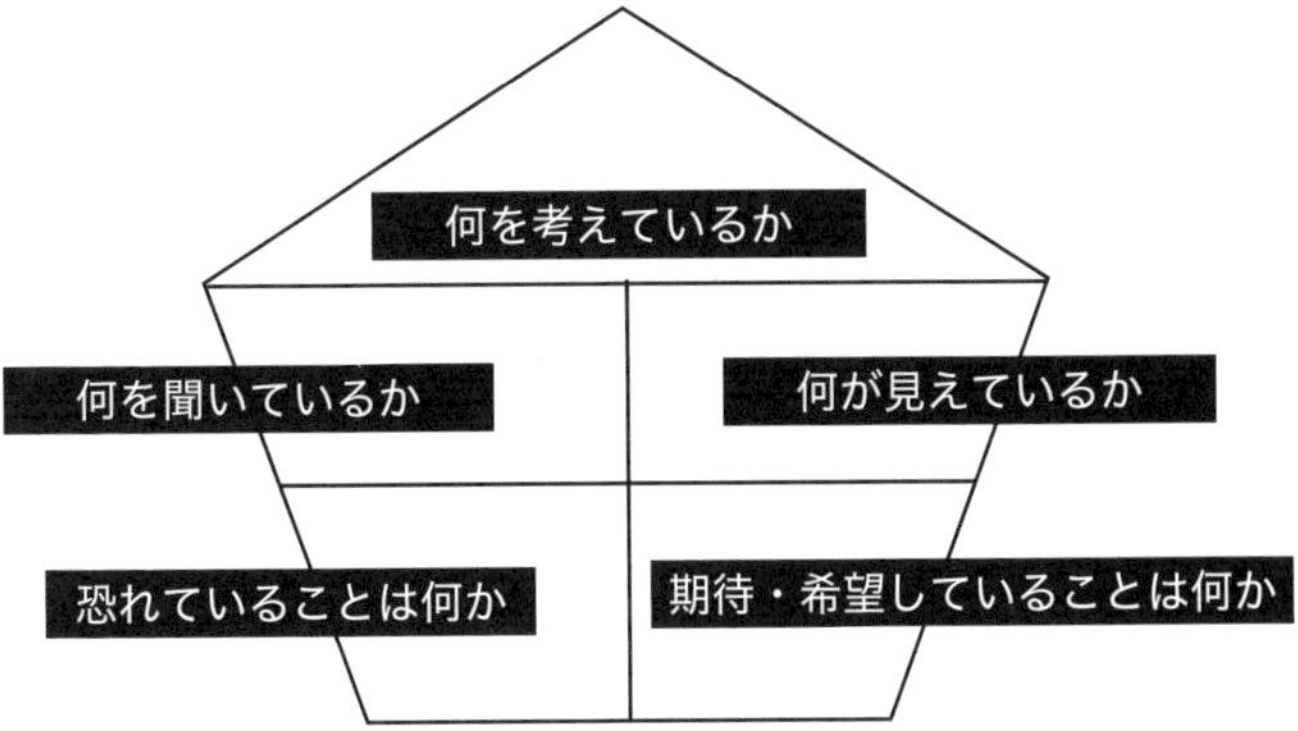

図１　お客さまを理解するためのキーポイント

とまってきます。それを、できれば**ビジュアルにわかりやすい提案書**にして、実際の面談に向かいます。

　このとき、インパクトのある**スペシャルなキーワード**があるとなおよいですね。

　例えばあるオフィス用品販売会社では、紙の断裁設備をもっている強みを生かして、コピー機を購入すればコピー用紙はタダで提供する、という提案をしていました。実際はそのほかの消耗品などで十分に利益を得るわけですが、「タダ」「無償」という言葉はとてもインパクトがあります。興味をもってもらうには、このくらいの強いキーワードがあるといいですね。

他部門へと関係を広げ、全社的な課題を掘り出していく

さて、面談ができて、持ち込んだ提案を説明したとします。即採用ということは普通ありませんから、何か意見がつきます。例えば「なるほどパソコンに付加価値をつけて提供できるというんだね。でもこの価格では3年で十分な投資効果が出ない。うちは3年の原価償却期間が終わればパソコンは処分する。だからダメ」などと言われるでしょう。このような反応が出たらしめたものです。お客さまには「脈がある」のです。提案したのが特定業務向けのカスタムパソコンだったとしたら、どうやらそれについては関心があるようです。

ここで「では買取ではなくリースではいかがでしょう」とか「投資効果が十分出るスペックのパソコンにもできます」と売り込んでもいいのですが、それよりも、さらに深いお客さま課題を知るように行動するのが大事です。提案時に予想した課題ポイントと実際とのギャップがどれだけあるのかをよく考えます。例えば、カスタムパソコンを勧めたことに対して反論がなかったのはなぜか、エンドユーザーとなる部門にはどのような問題があるのか、その問題は部門独特なのか、全社的なのかなど、どんどん深掘りし

ていけば、だんだん本当のお客さま課題が見えています。

本当に心配しているのは、例えばパソコンの運用管理やセキュリティ対策にとられる部内の時間が多すぎることだったということもあるでしょう。「当社の標準パソコンと違った仕様のパソコンを入れるとトラブルが起きないか、保守が今よりたいへんにならないか」と心配しているのがわかったら、パソコンにセキュリティ監視サービス、電話やメールサポート、無料のオンサイト保守サービス、利用停止・再利用時のデータ完全消去などのサービスを組み合わせたらどうか、と考えます。うまく組み合わせてお客さま部門の人の手間や心配が減り、従来のパソコントラブル対応コストが激減するとなれば、改善効果が投資を上回る可能性があります。価格を上げても購入してもらえるかもしれません。その提案をすることで、その反応からもっと深いところにある部門課題や全社課題が見えてくるかもしれません。次はその課題を解決する提案をします。

いちいち持って帰って提案書を作成・提出しなくてもその場で提案してもよいですが、相手に「この会社は当社を本気で改善してくれる」と思ってもらえるようにすることが大事です。相手の立場になってうわべだけでなく**根本課題を一緒に見つけようという姿勢**で話をしていけば、もっともっとお客さまに喜ばれる解決策が見つかるはずです。

また雑談の形で他部門との関係や他のキーパーソンの情報を仕入れることもできます。話をするうち、その人がやっかいだ、面倒だと思っていることが何かもわかります。その知識をもとに、こんどはその部署のキーパーソンの苦痛を和らげる提案を考えて、直接アプローチすることができます。

自社の理解者を各部門に増やして束ねる

このようなやり取りを重ねていけば、最初にアプローチした部門固有の課題だけでなく、全社的な課題も見えてくるでしょう。特に関連のある部門の課題は、例えば愚痴や悪口の形であっても知ることができます。そうしたら次はその部門のキーパーソンにアプローチして、同じように本当の課題のあぶり出しをし、提案を繰り返していきます。

そうしていくうち、各部門のキーパーソンはあなたの会社のやり方を理解して、本質的な問題を発見して改善に取り組まなくてはならないことに気付いてくれます。中には、単に請求書発行のプロセスを合理化する提案をしただけで、それまでのやり方との違いに驚いて改善の必要性に目覚めたキーパーソンもいました。そんな小さなことでよいので、その人が喜ぶ提案をしてください。それが重なると、各部門にあなたの会社の理解者が増えていきます。私はそんな人のことを「プレイヤー」と呼んでいます。各部門にプレイヤーを増やし、束ねていくと、お客さま企業の改善への意欲が高まっていきます。

部門間の対立や業務停滞は改善ポイント=ビジネスチャンス

また、関係が深い部署間では、お互いに利害が対立していがみ合っていることも多いものです（次ページの図2）。例えば営業部門と生産部門、生産部門と開発部門、ＩＴ部門と財務部門など、本来はスムーズに連携していなければならない業務が部門間で滞っていたり、お互いの仕事のスピードや質についての不平・不満がたまっていたりします。そのような部分には、必ず本質的なムダや課題があります。目に見えるもの以外にも潜在的な問題があるはずです。その部分を外部からの提案で改善していけたらいいですね。それに気付き、そこを深掘りして解決策を見出すことができれば、それは大きなビジネスチャンスになるでしょう。

やがては、部門の課題に沿った「部分最適」な提案ではなく、全社的な課題に沿った「全体最適」な提案ができるようになっていきます。**全体最適な改善は、部分最適な改善よりもコストはかかりますがリスクは低くできます。**お客さま企業の業務を全体最適化で

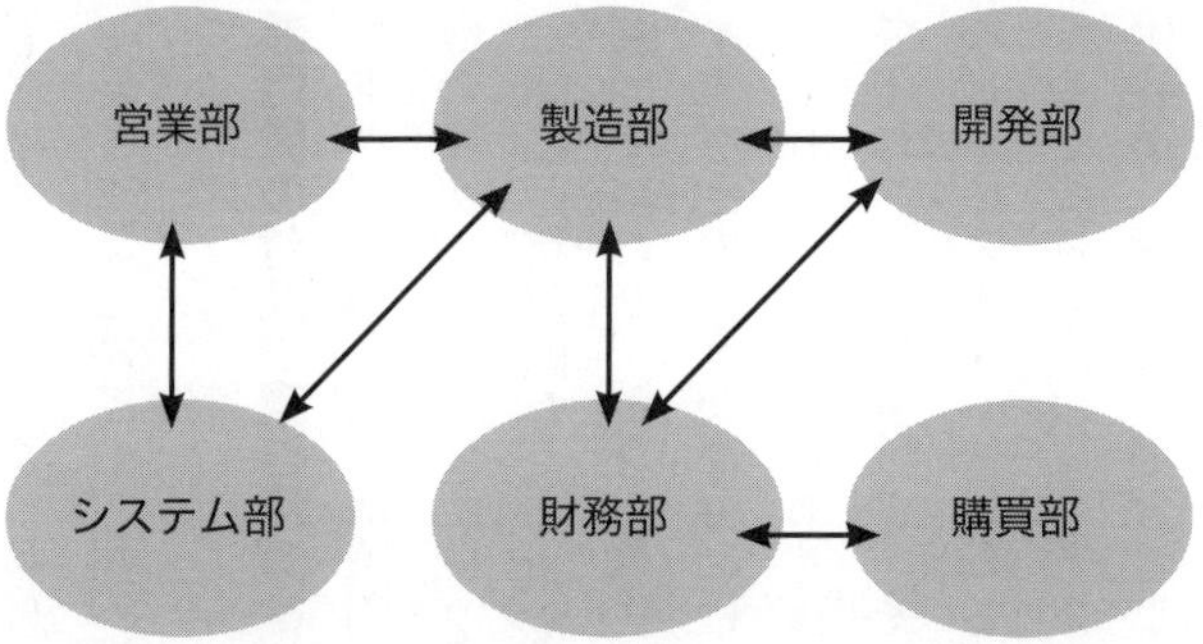

図2　お客さま企業内各部門の協力・連携関係と意見の違いや対立を明らかにする

きたら、それは喜ばれますね。笑顔がその会社にどんどん増えていけば大成功です。笑顔の分だけ、あなたの会社も潤うに違いありません。

中小企業のお客さまでは社長にアプローチ

なお、ここではかなり大規模な、部門がいくつもある会社をお客さまとして想定して述べましたが、中小・中堅企業でもほとんど応用可能なことばかりです。おそらく、大企業よりもお客さまの真実の課題を見出すのはたやすいでしょう。

なぜなら、小さい企業は経営層やマネージャー層と一般社員が同じフロアで仕事していて、一般社員が毎日でも社長の顔を見てあいさつしたり、会話したりできる親密さがあるからです。親密であればあるほど、よいことも悪いことも共有できます。表面上は知らんぷりしていても、一般社員も経営上の問題点に気づいていることが多いものです。経営層のほうも、現場のすぐ近くで現実を見ていますから、部門の問題がわかっていますし、社員の行動の特徴やモチベーション、業務の流れの上での問題点なども、真面目な経営者であれば詳しく実情を知っています。

ですから、営業のアプローチは最初から対象を社長に決めて実行するのがよいでしょう。小さな会社ほどフットワークが軽く、改善を進めるスピードが速いものです。そのように急変しながら成長していく企業を支援していくことで、あなたの会社も一緒に成長していくことができます。

さて、お客さまの真の課題発見ができるようになり、課題解決法も自社製品やサービスに落とし込んでキーパーソンが喜ぶ提案ができるようになりました。これで10パーセント以上の生産性向上ができているはずです。次はお客さま課題を知ったうえで、営業力を今よりも10パーセント強くすることに取り組みましょう。

Step5 のチェックポイント

Step6 に進む前に、お客さまの問題解決ができているかどうかをチェックしてみてください。一つめの項目は必須です。せめてこれだけでも達成できれば、次のステップに進むことができます。

□	今まで見えていなかったお客さまの課題が見えた。
□	お客さま企業の部門キーパーソンと関係構築できた。
□	複数部門のキーパーソンと関係構築できた。
□	営業チームの予想によるダミーの提案が出せた。
□	提案に対する意見がもらえた。
□	お客さま企業の特定部門対象に本番の提案が出せた。
□	お客さま企業の複数部門対象に本番の提案が出せた。
□	お客さま企業の全体最適化に役立つ提案ができた。

Step 6

提案が通る営業スキルを養おう

お客さま企業への最初の入口となるキーパーソンを探り当て、手探りの提案書を利用して関係を深めて企業課題を探り当てることまでできるようになったら、営業力は以前よりもだいぶ強化されていると言えます。

しかし商談を繰り返して最初の成約に持って行くときには一つの壁があり、その次の成約にたどり着くにはもう一つの壁を乗り越える必要があります。壁を乗り越えたときには、お客さま企業に重要なパートナーであることを認識してもらえて、長期的な関係を築くことができるようになるのですが、そこまでの過程でどのように営業スキルを上げていけるかが重要なポイントになります。

ステップ6では**お客さま企業と良好な関係を築くのに必要な営業のポイント**について解説します。なお、こちらからの「できること」の提案だけではなく、お客さまからの「これができないか」という提案もいただくような関係になることが理想的ですが、それにはこれまでとは違った強力な営業スキルが必要になります。そんな営業スキルを育成する方法をステップ7で解説しますが、そのステップにたどり着くための前段として、このステップで説明する基本的な営業スキル育成のしかたが大事になります。

「仕事ください」は絶対ダメな営業スタイル

営業が話をする相手先企業の方は忙しい中を時間を割いてくれるのですから、つまらない話を聞かされるのは嫌なはずです。最もよくない、嫌われる営業スタイルは「私の会社はこんな事情で困っています。なんとか仕事をください」という泣き落とし作戦ですね。古くから関係の深い取引先にこう言われると「この人は昔からのつき合いだから今回は助けてあげよう」という考えに傾くかもしれません。しかし個人的な交際と会社の取引とを混同してはダメです。それは個人の同情心や親切心を満足させてくれるでしょうが、自分の会社に対しては不誠実なふるまいになるからです。

営業をかけている側の会社が本当に一時的な事情で売上が落ち込んでいるだけで、遠からず回復する見込みがあると確信できる場合は別ですが、やはりパートナーは個人的なつながりではなく、企業として信頼に足るかどうか、同業他社と同程度以上の品質・コスト・時間で納めてくれる力があるかどうか、またノウハウやスキルや管理能力があるか否かなどを、客観的な指標で判断するのが冷静な企業人としての矜持でしょう。

「仕事をください」と言われても先方の担当者は困ってしまいますから、自社がお客さまにどんな価値が提供できるのかを先に伝えて、「話をしてみて損にはならない」と思ってもらうことが大事です。そもそもこちらの都合にお客さまが合わせる義務はありません。自分目線での営業でなく、お客さまの目線でのアプローチと営業トークが必要です。

「買う」プロセスに沿った営業活動の基本の7つのポイント

では、お客さまの立場に立った営業活動とはどんなものでしょうか。それにはお客さまが何かを買うプロセスを考えることが大事です。基本的には次の7つのポイントに気をつけて営業活動をすると、成功確率は段違いに高くなります。

①お客さま担当者からいただいた時間を楽しく、有意義に使うこと
②約束は必ず守り、お客さまにも守ってもらうこと
③お客さまの痛みを際立たせること
④予算を知ること
⑤発注プロセスを知ること
⑥営業活動の進捗を適切なタイミングで止め、合意内容や予算を確認すること

⑦意味のあるフォローアップをすること

これらについて以下に詳しく説明していきます。

①お客さま担当者からいただいた時間を楽しく、有意義に使うこと

営業活動のためにお客さまに割いていただく時間は、たとえ10分であっても大事なその人の人生の一部です。けっしておろそかにせず、その人にとって有意義なものになるように心がけるべきです。では、どうすれば有意義に思ってもらえるかというと、これは単純にその人と「仲良くなる」のが早道です。

といっても、初めて会う人とうちとけられるかは、人によってはとても難しく感じるものです。ときには見え透いたおべんちゃらを言ってみたり、会社や社屋をやたらとほめまくる人もいますが、お客さまは余計な話だと思うでしょうし、裏に何かあると勘ぐられることもないとは言えません。また、お天気の話もほとんど話が広がらないのでよくないですね。お天気の話は長雨の合間の好天やゲリラ豪雨の日など、嬉しさや驚きを共有できる場合くらいにしたほうがいいと思います。

では、何が仲良くなる秘訣なのでしょうか。それは**一にも二にも、事前の勉強**です。お客さまの会社の沿革や、業務内容、商品、最近の業績、新規事業、株価、組織の変化などは、ウェブページや各種企業情報から知ることができます。訪問先の、面談する担当の方の役職、現職の前の仕事、管轄している事業や業務、関連製品やサービス、そして業種の市場動向、ライバル会社の動向なども、少し努力すれば情報入手が可能ですし、ある程度は推測することもできます。そのような準備をしてから話をしないと、先ほど述べたような「お仕事何かありませんか」という自分本位の営業になってしまいます。少なくとも「御社のことに関心がある」「業界の事情にある程度は通じている」「同業他社と自社との違いも少しはわかっている」ことをアピールできないと、相手も心の開きようがないのです。

ステップ5では、まずはお客さまと話をする前に、営業チームで考えた提案を持っていくことをお勧めしました。これができていれば何の問題もありません。お客さまの担当者は、たとえ提案が少し的外れであったとしても「よく調べてくれた」「やる気がある」とは思ってもらえます。こちらの立場を理解しようとしてくれて、何か役に立つことをしたいと考えてくれていることがわかればこそ、貴重な時間を費やしても話をして

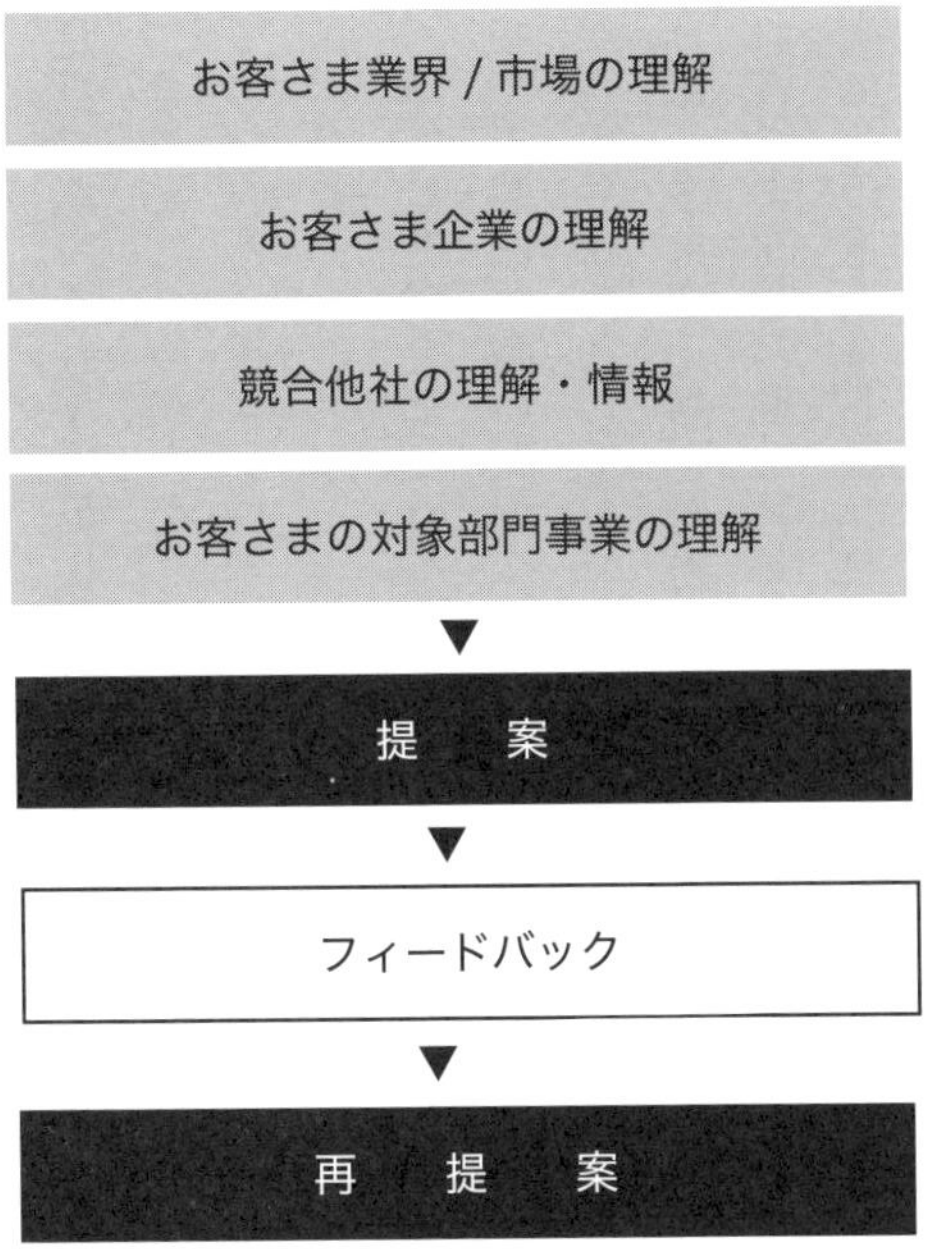

図１　訪問営業の事前準備〜提案〜再提案

みようと思ってもらえるのです。

また、そこでお客さまが欲しているのは、製品やサービスの説明ではありません。自社の何を改善してくれるのか、どんな価値を提供してくれるのかということです。それには、**同業他社で成功した実績**や、同業でなくとも**一般的な課題を解決した実績**などの事例を紹介することが役に立ちます。実績がない場合でも、お客さまの悩みのポイントを解決できそうな、他社にはない**自社独自の強み**を**体験談として話す**ことも役立ちます。
そのような話をしているうち、「そこはウチとは違っている」とか「それは当社ではできない」「御社の強みは当社のビジネスにどう関係するのか」などと、たとえ否定的な意見であってもなにがしかの情報が出てくるでしょう。そこから話を広げていくことができるでしょう。ただしその場合でも、最低限お客さまの業界の常識程度のことは知っていないと、話もうわべだけで終わりますから、できるだけ事前準備をしておくことが肝心です。

事前に提案をまとめる段階でさまざまな仮説が営業チーム内で考えられていて、その中で蓋然性が高い仮説に基づいた提案を提出しているわけですから、提案の全部や一部が否定されたとしても、次の仮説ではどうか、それもダメなら次の仮説では、というように、手を変え品を変えて**仮説を検証**していくことができます。そうしていくうちに、お客さま課題のポイントがよりクリアに見えてくるはずです。そうなったときに、では次はそのポイントについて解決案を用意してきますのでまたお時間を頂戴できますかともっていけば、再アプローチの機会がつくれます。

ただ、こうしたオフィシャルな話ばかりでは実際にはなかなか仲良くなるところまではいけません。「役に立つ会社であることはわかったが、この人と長く付き合っていくのにはちょっと抵抗がある」ということは実際によくあります。プライベートでも「合う人」「合わない人」がいるように、営業活動場面でも人間的な印象は成果を左右します。印象をよくするには、表情や身振り手振り、服装など、さまざまな要素にわたるテクニックがあり、テクニックを解説する参考書もいろいろ出ていますが、何よりも**相手の話をよく聴き、理解しようとする態度**が最も重要なのではないかと思います。ひとことで言えば、相手の話を真剣に「**傾聴する**」ことです。

心理カウンセリングの世界では、話し手と聴き手の間で信頼関係を築くためには「**純粋性**（率直に相手に向き合うこと）」「**協調的理解**（相手のものの見方や考え方に沿って理解しようとすること）」「**受容的態度**（相手の話すことを批判せずに受け入れること）」が基本的な態度として必要だといわれているそうです。そのような態度で相手に接することで、相手は安心して自分のことを話してくれます。営業の場面とカウンセリングは違いますが、そのような態度が相手の心の変容を誘うのは間違いありません。このような基本的態度で会話をすることで、最初の印象がたとえ悪くても、徐々に信頼関係が生まれるものです。

できれば、プライベートな領域の話もタイミングを図ってしてみるのがよいでしょう。例えば野球やサッカーなどのスポーツの話でもよいし、音楽や美術、芸能の話でもよいので、自分が同調・共感できるような何かを見つけるようにすると効果的です。仕事の話をいったん離れて自分が好きなことについて話してもらい、真剣に傾聴してお互いに理解・共感・一致することができれば、信頼関係は急速に深まります。つまり仲良くなれるのです。

ただ気をつけなければいけないのは、誰かの悪口で共感を誘うことです。共通の敵を見つけて団結を図るというやり方は、ほんの一時的な結束を生むにすぎません。共通の敵は常に変わりますし、逆にもし自分が敵に回ったときに相手がどのような態度をとるのかを考えると、信用ならない奴だというレッテルを貼られる可能性があります。これは絶対やってはいけません。また政治や宗教上の話も、対立すると致命的な関係破綻の原因になることがあり得るので、避けたほうが無難です。

ともあれ、何でも話し合える仲になれることを目指して、できることを全部やってみることをお勧めします。

②約束は必ず守り、お客さまにも守ってもらうこと

約束を守るのは当然のことですが、初めてのお客さまには約束を守る相手なのかどうかを判断する材料がありません。ですから、少なくとも**時間は守りましょう**。

面談の時間に遅れないのは当たり前ですが、お客さまの時間を絶対に予定時間以外には使わせない態度が必要です。事前に今日は何を話すのか、何をするのかを決めておき、それに要する時間を30分と見込んだなら、必ず30分で終わらせます。35分にのびてしまうのはダメです。30分で終われなければ、次の面談時間を相談させてもらって、その日はすぐに帰ります。もし先方から、もう少し話がしたいと言ってくれたら、ではあと10分だけ話しましょうと決め、その時間で終わらせます。お客さま訪問時に必ずこのように時間を厳守する姿勢を貫くと、お客さまのほうも時間に対して敏感になってもらえます。「予定していないけどちょっと来てくれ」とか「結論が出るまで話をしよう」とか、自分の時間を勝手に便利に使われたり、だらだらと長引く会議でムダな時間を過ごすというような、相手に振り回されるムダな時間や労力がなくなります。

このような工夫だけで、信頼感も深まりますし、意思決定スピードも早めてもらうことができます。

③お客さまの痛みを際立たせること

前述したように人の行動に大きな影響を及ぼすのは「痛みを避ける」ことと「快楽を得る」ことという、人間の本能に根ざした欲求です。このうち、やがて得られる可能性がある快楽というのはあまり明確に想像できませんが、今何かをしないことによる将来の痛みは、かなり具体的に予想することができます。ですから、嫌な言い方ですが、**お客さまの将来の痛みを明確に意識にのぼらせる**ことが、意思決定を誘うために有効です。

例えば、お客さまが「忙しくてたいへんだ」と漏らしたら、「残業や休日出勤はどのくらいありますか」「なかなか早く家に帰れなくてたいへんですね」「ご家族はご不満がたまっておられるのではないですか」「部下の方々も夜遅くまでたいへんですね」「労働基準監督局の監査も厳しくなりましたね」というように話を進めていきます。

人手が足りていない状況があるとしたら、その状況に対して何の手も打たずにいたらお客さまの担当者自身がどのような痛みを味わうのかを意識してもらうのです。自分自身の痛みをなくすためにはどうすればよいかを少しでも考えてもらえたら、具体的に痛みをなくす対策を提案することができます。

例えば派遣事業を紹介したり、自動化システムをお勧めしたりして、時間外労働時間や部下の管理の負担を軽減する提案をすると、受け入れてもらいやすくなります。

風邪をひいて苦しい時、喉がからからで苦しい時など、現在の痛みを癒す薬や水に対しては、高くてもお金を出すでしょう。もちろんそこに妙薬やおいしい水があればこそではありますが、痛みを早くとり去りたい、痛みの原因をなくしたいと思えば、人は何をおいてもそのためのお金を出すのです。

④予算を知ること

以上のようにお客さまがお金を出しても何か手を打ちたいと思っても、お金がなければどうしようもありません。どのくらいお金が出せるのか、予算を知り、それに見合った提案をしていく必要があります。しかし普通は予算の数字を教えてはくれません。そこであの手この手で予算をおおよそでも予想できる工夫をしていかなければなりません。

有効なのは、過去の事例を教えてもらうことです。現在の課題に関連する別の過去事例では、どのような課題に対してどの程度の予算を使って何をしたかを聞き出します。

「あのときは私の部門で対策プロジェクトを成功させて、部門のみんなのボーナスが

10万円上がったよ」と聞いたら、100人いる部門なら1000万円規模の予算があることがわかります。「あのときは300万円の工作機械を2台追加してしのいだよ」と聞いたら、600万円くらいは出せるかもしれないと踏むことができます。もちろん、時と場合によりますから確実に知ることはできないのですが、どうにか状況証拠を各種見つけて予算規模を推測していく必要があります。

⑤発注プロセスを知ること

予算規模に関連して、決裁できる人は変わります。提供する商品の購入を決裁できる人は誰かを知ることは重要です。部長クラスの人が窓口になってくれたので大丈夫かと思って進めていた商談が、実は本部長の決裁が必要な案件とされていた、あるいは別の部門の部長の決裁も必要になるというように、相手にすべき人を間違えると営業活動が一からやり直しになったり、案件が消えてしまうことが起こりがちです。このようにお客さま側の発注プロセスをよく把握しないままに商談を進めるとトラブルのもとです。

これを防ぐためには「部長以外にこの件で困っている方はおられますか」とか「これについては開発部門のご意見も必要なのでしょうね」というように、案件の決裁に関わ

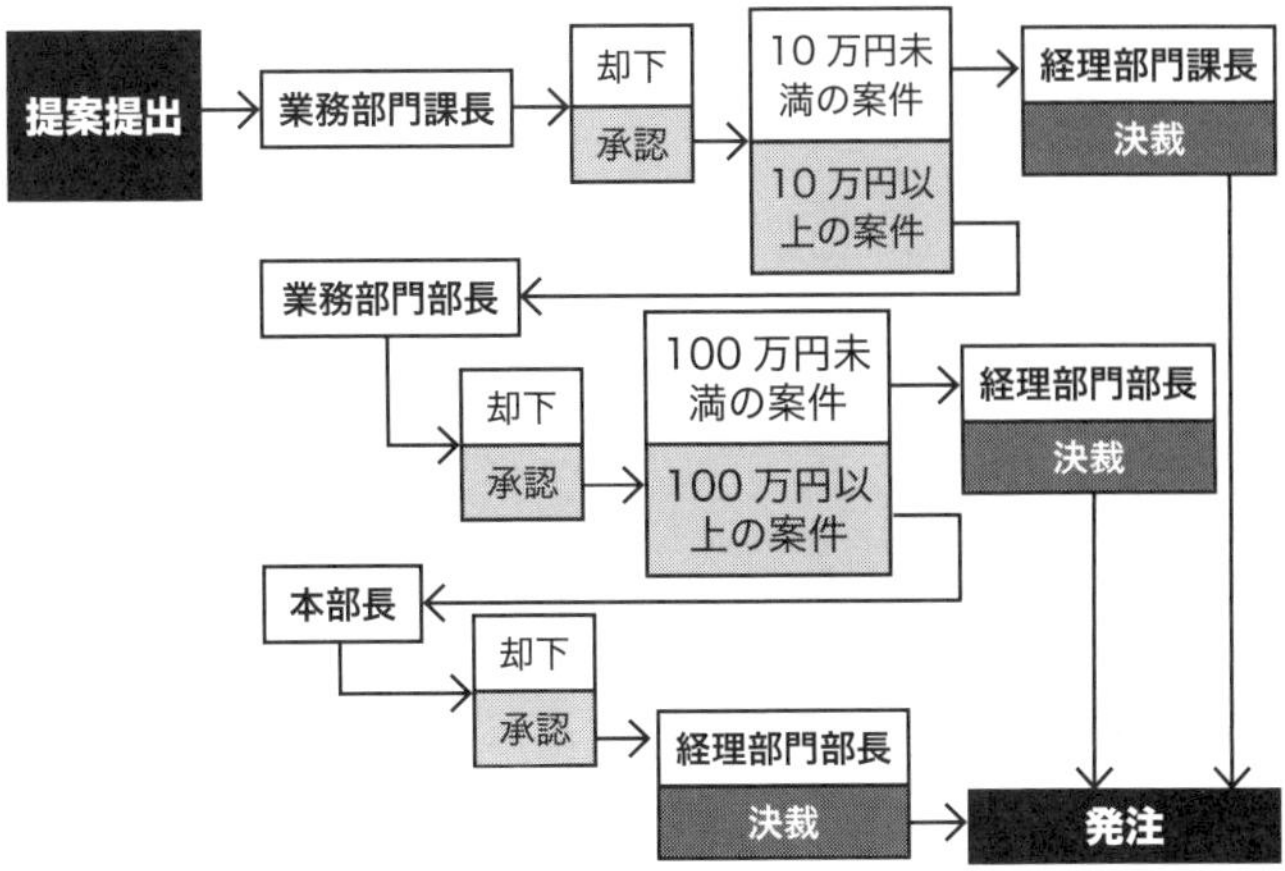

図2　お客さまの発注プロセスの例

る人を探るようにしていかなければなりません。

商談の窓口になっている人自身が、正確に発注プロセスを知っているとも限りません。営業担当者は**お客さま企業の組織と意思決定プロセス、発注決定・決裁プロセスをよく知ることが肝心**です。誰が承認すればその案件が通るのかを、しっかり確認したうえで、提案書を作成しましょう。

⑥営業活動の進捗を適切なタイミングで止め、合意内容や予算を確認すること

以上のような行動をしていても、担当者と決裁者、およびその中間で情報を伝達する人々の間で適切に情報が共有されている

とは限りません。どのようなことが合意され、金額はどの程度なのかという情報が共有されていないと、案件の進行途中でトラブルになることが少なくありません。いったんは合意した内容でも、「その後問題が発生していて追加の手当てが必要だ」とか「社内で稟議を回したら反対意見が出てきて修正が必要だ」というように、合意内容の変更を迫られることがあります。変更するならするでよいのですが、予算やスケジュールはそのままで、と言われるとたいへんな問題になることがあります。合意内容があいまいだったり、文書化されていなかったりすると、このようなことが起こりがちです。担当者がそもそも理解不足だったり、関係部署や決裁者との情報共有が不十分だったりすることもあります。

こうした無理難題を押し付けられることがないよう、商談が進捗している途中でも、タイミングを見計らっていったん止めて、以前の合意内容でよいですね、この案件の関係者はこれこれの人たちでよいですね、と念を押して確認するようにしましょう。実はこのように案件が具体的に進行している途中で、予算は４０００万円だと思っていたのが４００万円だったというような極端な変更も起こりえないことではありません。そうなると計画はやり直しですね。でも認識違いをそのままにして進行した時の損害を考えたら再度仕切り直しをしたほうがはるかに得です。そのような事態になったら、提案書を400万円バージョンと4000万円バージョンで書き直して、違いをこと細かに説明して関係者全員に共有してもらうようにしなければなりません。その結果、予算配分を見直してもらうこともありえますし、400万円でやる場合でも、それなりの内容に落としこんで損害を出さないようにすることができます。

問題は④で推測した予算と実際が違いすぎる場合に起きます。そもそも、予算についての確認を早い段階で行っていないことが問題ですから、できればこちらから「この内容なら4000万円になります」と金額を先に提示することをお勧めします。これは、相談してきた内容に基づいて、最善の対応をした場合の金額を出しておくのです。

それで受け入れてもらえれば問題ありませんし、予算がもっと下の場合は難色を示すでしょう。「ではベストな内容からこれとこれを引けば、金額をここまで抑えられます」と具体的な内容に踏み込んで話をすることができます。

それで双方が納得できる落としどころが見つかれば、「○月○日、○○部○○部長との打ち合わせ内容に基づく」と先方の**交渉責任者の名前を明記した提案書**を作成します。こうしておけば、後で変更が求められた場合でも、そのたびに追加費用・追加工数を客観的に算出してその都度了承してもらって対応していくことができます。この場合も書面を残すことが重要です。

なお、**書面で初めてお客さまが金額を知ることは絶対に避けるべき**です。それは信頼関係を壊すもとになります。まずは口頭で、少なくともおおまかな数字を出してすり合わせをしておかなければなりません。

⑦意味のあるフォローアップをすること

首尾よく案件がクローズを迎えたあとも、お客さまをフォローアップすることを忘れてはいけません。お客さまに本当に満足してもらえているのかを知るためと、もしも不満が出ているとしたらそれは何か、不満解消のために何ができるかを検討して提案するために、その後も頻繁に接触してフォローすることが重要です。もちろん関係を良好に維持し、再発注をいただくためにもフォローアップが肝心です。

「何か気になることがあれば、私か、営業部門の代表電話にかけてください」と伝え、電話番号を貼り出してもらったりするといいですね。またできるだけお客さまの本当の思いを聞きたいので「弊社はお客さまの声を生かした製品やサービスの改善に努めています。改善のためには、何かお気づきの点があればどんなことでもご連絡ください。ご不満なポイントがあれば、厳しくご指摘いただければ幸いです」というような伝え方をして、お客さまの本音を仕入れることができるようにしておくとよいでしょう。

自分たちのスペシャルな商品、強みをつくる

以上のようなお客さまの「買う」プロセスに沿った営業活動を心がけることで、営業チームのスキルは段違いに上がります。弊社のお客さまのケースでは、売上が30パーセント向上した実例もあります。しかし、すべての会社がこれだけで改善できるわけではありません。このようなポイントに加えて、重要な行動があと二つあります。一つは、**営業が考えたスペシャルな製品・サービスをつくる**こと、もう一つは**営業がチームとして活動する**ことです。

一つめのスペシャルな製品・サービスが必要な理由は、営業スキルがあっても商品力がなければなかなかお客さまに振り向いてもらえないからです。お客さまが自分自身でも気づいていないような、裏側の真実の課題を解決する努力が必要なことを前述しましたが、そのポイントを突けるようになるまでには少しでもこちらに関心をもってもらう

必要があります。「**これならどの会社にも必要だし、他社にはできない**」スペシャルな製品・サービスを自信をもってお勧めできるようになれば、少なくともその点では注目してもらえます。こちらを向いてもらえたら、強力な営業力で中に入っていけます。

お客さまの本音がわかるのは営業だけ

商品開発は、大きな会社なら商品開発部や企画部、マーケティング部などが発案するかもしれませんが、最もユーザーニーズを肌から吸収できる部署といえば営業です。さまざまな市場データやアンケートなどのデータと、お客さまの現場や経営者から出てくる生の声とは重みが違います。営業はその地道な活動から新しい商品を発案できるでしょうし、既存製品の改良・改善の提案も的確に行えます。

私は**営業こそ、自社でしかつくれないスペシャルな製品やサービスを考え出すことができる**と思っています。技術力や情報分析力が導く製品・サービス像と、営業が導くユーザーが本音で必要としている製品・サービス像とが一致したら、これほど役に立つ製品・サービスはありません。

ありふれた商材でも工夫次第でオンリーワンになれる

このような自社のスペシャルな製品・サービスがあることは、営業活動においても強力な推進力を与えてくれます。そうはいっても、「当社は扱っているジャンルが一般的なものだから難しい」とお考えの企業もあるかもしれません。でも、例えばオフィス用品というありふれたジャンルでも、常にヒット商品は出ています。

前述しましたが、紙という、どこでも扱っている商品でも「ウチの商品を購入したお客さまには無料で提供」という人目を引く価値を打ち出したことで他社との差別化を果たした会社もあります。その会社は裁断機を保有しているというわずかな強みを最大限に利用して、誰もが注目するサービスを現出させました。自社の強みは、自社の「見える化」を進めることによって明らかになります。お客さま企業の「見える化」も、外部からではありますが多少なりとも進め、本当のニーズの「見える化」をして、合致するところを探していくと、そのようなスペシャルなアピールポイントが見つかるはずです。

営業チームが自信をもって紹介できる商品とする

また、営業チームが検討を重ねて商品を発案するプロセスも大事です。自分たちがお客さまによかれと思って時間をかけ、頭をフル回転させて議論して、他部門の協力を得る努力もしてやっとつくり上げた商品だからこそ、胸を張ってお客さまに提案・紹介できるものになります。それは必ず相手の心に響くものになっているはずです。

自分が好きなもの、惚れ込んでいるものを紹介するときには自然に熱が入りますし、熱の入った話は相手を動かす力があります。このような営業が考えたスペシャル商品を、何か一つでも持っていると営業活動が段違いにラクになります。

チーム力で営業を推進する

もう一つの重要ポイントは、営業は常にチームで活動すべきだということです。といっても客先に何人も引き連れて訪問しようというのではありません。

お客さまごとにメインの営業担当者は一人でもいいですが、その人の**営業活動の進捗状況や、活動内容を複数の営業担当者がいつでも知ることができる体制**が必要なのです。

営業活動の極端な属人化を防ぐ

営業は売上などの実績でその人の評価が決まる職種でもありますから、営業担当者はベテランになるほどそれぞれ独自の成功法則を身につけていることが多いものです。それをなかなか他の営業担当者と共有したがらず、営業活動が属人化しがちなため、「あの人がいないと〇〇社とは話ができない」ような状態になってしまう場合があります。本人が会社を離れたり、長期休暇などの際に営業活動ができなくなるのは困りますし、突然退職した場合にはお客さま担当のスムーズな引き継ぎができずにビジネスを停滞させてしまう可能性があります。

このような極端な例を考えなくとも、たまたまメインの担当者がいないときにお客さまから問い合わせがあった場合に「担当が戻ったら電話させます」と言ったまま、連絡を忘れてほったらかしにしてしまうようなことは、気をつけているつもりでも起こりがちです。お客さまとしたら、担当者に代わって誰かが即座に対応してくれたほうが嬉しいに違いありません。

営業は個人プレイではなく、チームプレイを心がけるべきです。お客さまは、あなたの会社の営業担当者個人と対話しているのではなく、実際にはあなたの会社そのものと対話しているのです。**お客さまと接触する営業担当者は、お客さまの目からはあなたの会社そのものなのです**。営業担当者は会社の代表として話をしているのですから、会社としてお客さまに対応しなければなりません。だからこそ、常に営業の内容と進捗状況をチームが共有している必要があります。

営業プロセスの「見える化」と管理項目の整理

これには、まず営業活動の「見える化」が必要です。見たくないものでも見えるようにしてしまう「見える化」ですが、営業担当者があまり「見せたくない」情報も見えるようにする情報開示が求められます。営業の属人化の一つの原因は、営業担当者の評価を落とすような失敗対応などの、人に知られたくない部分を隠蔽してしまうことにあります。「ここは会社に黙っておいても、売上は以前より上がっているのだから問題ない」と本人は思っているかもしれませんが、他の営業担当者が同じ間違いを繰り返す可能性もあり、お客さまから「以前にこんなことがあった」と指摘されて返す言葉もなくすようなことが起こりえます。どちらも信頼を傷つける事態になりますね。

営業成績の一覧グラフが以前はよく用いられていましたが、あれは営業担当者の競争心を煽って発破をかけるくらいにしか役に立ちません。あまりノウハウがなくても売れる時代の営業スタイルの名残なのでしょう。現在最も必要なのは**営業活動の真実が見え**

る情報の共有です。だからといって営業部全体で商談内容を全部覚えておくことはできませんから、管理すべき項目を決めて、情報を整理して共有することが重要です。

共有のスタイルはあなたの会社の営業スタイルや文化、利用できるツールによっても違うでしょうが、仮に一例を挙げると次のような情報はお客さま別に、案件ごとに共有しておくとよいでしょう。もしメインの営業担当者が退職したとしたら、引き継ぐ人が困るポイントは何かを考えれば、共有すべき情報はおのずと整理できるはずです。

・**お客さまプロフィール**＝会社情報だけでなく、窓口担当者・決裁にかかわる関係者のプロフィール、連絡方法。

・**営業の現在フェーズ**＝初めての接触から商談の進捗、受注・納品（クローズ）～アフターフォローに至るまでのフェーズを定義し、どのフェーズまで来ているかを明らかにする。

（例）営業フェーズとしては、接触・初回提案・顧客課題把握・解決課題鮮明化・本番提案・先方担当者合意・合意内容の確認・決裁権限者を含む関係者の合意の確認・予算に応じた価格およびスケジュールの決定・稟議・決裁完了・契約・受注・納品・アフターフォロー（問合せ対応など）といった細かいフェーズ定義をしてもよいですし、商談開始・提案中・売上予定金額決定・契約・納品などといったやや大まかなフェーズ分けでもよいでしょう。ポイントは、それを見て営業部内で進捗がすぐにわかるかどうかです。

・**商談の記録**＝訪問時の会話内容や決定事項、電話やメールなどでの対応内容などを時系列で記録し、ポイントを検索できるようにしておく。

・**提案書・報告書・見積書などの書類**＝書面化した情報は必ず整理して保管する。

このほか、たいていは成約までの**懸念事項**があるはずです。例えば「予算枠が他の案件の都合により大きく変わる可能性あり」とか「当社従来製品のカスタマイズに要する工数が増加する可能性がある」などの不確定な状況をそのまま伝えることも肝心です。

営業プロセスからムダを省いていく過程で、自社に最適な営業プロセスが整理できます。それにのっとって、いわゆる**5W1Hを明確に**することに気をつけましょう。「いつ（When）、どこで（Where）、誰が（Who）、何を（What）、なぜ（Why）、どのように（How）行ったのか」が明快であれば、その人の仕事を他の誰かが安心して引き継げます。また、引き継ぐばかりでなく、どうしてそのような営業活動になったのか、他の方法はなかったのか、他の方法をとったとしたらどうなっているだろうか、などと、チームメンバーそれぞれが視点を変えて検討することもできるでしょう。助け合いの精神とルールがあれば、混乱を招かずによりよい成果を上げることができます。

なお、あまりに管理工数がかかるようなら、一部の情報共有はひとまず後回しにすることも選択肢の一つです。何度も言いますが、改善はほんの少しでも進められるところを進めるほうがよいのです。営業支援ツールの導入や顧客管理ツールの導入などを考えるのもよいですが、従来の方法を継承しながら、できる範囲でプロセス整理や情報共有を進めていくことが重要です。

Step6 のチェックポイント

Step7 に進む前に、営業スキルの強化ができているかどうかをチェックしてみてください。網かけ部分は必須項目です。せめてこれらだけでも達成できれば、次のステップに進むことができます。

□	お客さまの「買う」プロセスが解明できた。
□	営業チームでスペシャルな商品を考え出せた。
□	社内の人がスペシャル商品を好きになってくれた。
□	営業担当者が個人プレイでなくチームプレイを尊重するようになった。
□	営業の案件情報が共有できた。
□	突然メインの営業担当者が病欠してもお客さまを困らせない対応ができる。

Step 7

新しい仕事にチャレンジできるスキルアップを展開しよう

営業力が強化できて、お客さまの課題解決が実現し、関係者からの信頼が高まるようになると、次にはお客さまのほうから「これはできないか」というアプローチが必ずあります。それはこちら側から提案したものではありませんから、たいていは新しい、取り組んだことがない部分を含む仕事になります。

それに対応するためには、さらに強力な営業スキルが必要になります。それにはステップ6で紹介したような、比較的簡単に実施できる営業スキル向上対策に加えて、じっくりと従業員を教育・訓練していく別の取り組みが必要になります。

新しい課題に挑戦する力を身につけるには、教育・訓練手法の「ＴＷＩ（Training Within Industry for supervisors）」が役立ちます。これは、アメリカで１９４０年代に開発された、監督者のための企業内訓練の仕組みです。戦時中はアメリカの工場でもたくさんの新人（主婦が多かったといわれます）が入りましたが、兵役などでベテラン工員がいなくなると、それまでのように先輩の真似をして仕事を覚えることができなくなりました。また現場のマネージャーも、必ずしも教えるのが上手な人を選任できなくなりました。そのような状況で短期間で品質の高い製品をつくろうとすれば、いずれ慣れればわかるというような教育方法ではとても追いつけないところから、たとえ教えるのが不得意な人であっても、安定した質の教育ができる仕組みが必要とされたのです。

その結果開発されたＴＷＩは、高い効果が世界の多くの組織に認められ、現在の企業従業員の教育・訓練に活用されています。製造業で利用されることが多いとはいえ、そのエッセンスはさまざまな職種に応用でき、営業スキル向上にも役立つものなのです。

トヨタの急成長を支えたＴＷＩ

日本でＴＷＩを参考にした教育・訓練法を早期から（１９５０年代）実施したのがトヨタです。その教育・訓練法は現場からの提案、ボトムアップ式の改善などの日本流の経営を支える特徴を備えており、同社の急成長を支えた要素の一つになっています。

トヨタ生産方式を具現化した伝説的な人物である故・大野耐一氏は、管理者の役割について「**任せるために『任せられる部下』を育成する**」ことだと述べています。この言葉の意味は、目的に向かって自分で考え、具体的に取り組める自立性をもった人材を育成することが、経営を発展させる、会社を成長させるということです。

管理者と現場の監督者（チームリーダー）を含む従業員が自分の頭で考え、アイディアを出しながら前に進むことができる、自律性のある組織にしていくことは、これからの企業経営には不可欠と言われていますが、現場での裁量権を大きくした大野氏流のボトムアップ型の意思決定プロセスを重視する考え方、およびＴＷＩのコンセプトとはなじみがよいのではないかと思います。

ＴＷＩの「教える技能」に注目しよう

ＴＷＩはこと細かに説明すれば、それだけで数冊分の書籍になってしまう内容をもっています。本書ではその一部のエッセンスを紹介するのみですが、その部分だけでも、10パーセントの生産性向上は間違いなく可能です。

ＴＷＩは「監督者に必要な知識や技能」を、次の5項目に分類しています。

・知識　①仕事の知識　②職責の知識
・技能　③教える技能　④人を扱う技能　⑤改善する技能

ＴＷＩの対象として特に注目されたのが、③の「教える技能」です。

人に仕事への考え方や、業務上の知識、ものの見方を教えて、まずは部下が自分で真似できるようにし、さらに自分で考えて知識を追加したり、新しい視点を盛り込んだり、創造的なアイディアを出したりといった改善活動を自発的にできるようにすることが、生産性改善につながります。これは製造業のみならず、すべての産業に共通します。

しかし現在の多くの日本企業、海外企業を見ていると、その「教え方」がだいぶ低レベルだと感じています。例えば集団研修で大きな教室に従業員を集めて話を聞かせるだけの研修では、教えたことが従業員にどれだけ理解されたのかがわかりません。ただ時間をそのために費やしたことが評価につながり、研修が終われば忘れてしまっても誰からも注意されないというのでは、教育の意味がありません。

また、ＯＪＴ（On The Job Training）もよく実施されていますが、多くは「やって見せるだけ」にとどまっています。先輩がうまく業務をこなすさまを近くで見て覚えれば、新人でもある程度は真似ができます。しかし、少し条件が変わり、手順が変わったときには「こんなことは教わっていないからできない」と業務を止めてしまったり、こういうことになるとは「聞いてないよ」とふてくされてしまう人が必ず出てきます。そうれはなぜかというと、現場で身近で教えていても勘所やコツといった属人的な部分は不明確で、十分には理解されないからです。また、業務には必ず「急所」となる部分があり、そこがわかっていないと、一番大切な部分を見逃してしまうことがよくあります。

そこで弊社では、TWIをベースにしてチームリーダーになるべき人材を育成する「MAKOTO流」TWI育成法を展開しています。これはお客さまのオフィスで、実際の作業環境の中で実施していく教育手法です。非常に簡単な手法ですが、外資系保険会社などの実施事例では抜群の効果を生んでいます。以下に、概要部分のみとはなりますが、簡単に紹介します。手法の理解のために製造現場などの具体例を挟み込んでいますが、さまざまな作業環境・職種などに沿って、内容を適宜読み替えて利用していただければ幸いです。営業への適用では、手作業で行う部分はお客さまとの疑似会話、ロールプレイングなどに置き換えることができるはずです。全体像は次のとおりです。

①教えるための講師側での準備
②教わるための受講者側の準備
③作業の説明・講師による実施
④受講者による仮作業の実施と講師による確認
⑤本番作業の受講者による実施、講師などによるサポート

①教えるための講師側での準備

訓練予定表をつくる

いつ、どこで何を訓練するのかをリストアップし、訓練予定表を作成して、対象者に配ります。大きな紙に記して掲示してもよいでしょう。誰が、いつ、どの作業を、いつまで実行するのかを「見える化」して、受講者に事前にわかるようにしておきます。

作業分解をする

一連の作業を、ポイントごとに分解し、整理をします。全体をただ記憶しろと言われても人は対応できません。作業はわかりやすさを優先して、細かい単位に分解しておきます。これがクリアできたら次はこれ、というように、段階を踏んで作業が行えるように分解した要素と流れを明確にしておきます。またそれぞれの作業とそれをさらに細かくした作業ステップごとに、後述する「急所」（重要ポイント）を抽出し、なぜそこが大事なのかを説明できるようにしておきます。

作業場を整備する

実作業を伴うトレーニングを行いますから、作業をする場所をきれいに整えます。ごみや不用物がその場にないように、安全な環境をつくらなければなりません。それが模範的な作業場のイメージになるような整備をしておき、常にその状態が保たれることが当たり前のことだと思ってもらえるようにします。何がどこにあるべきなのかを決め、仮に作業中に机なら机、道具なら道具を移動するようなことがあっても、作業終了時には元あったところに必ず戻せるようにしておきます。

必要なものをすべて用意する

作業の道具、利用する情報や設備など、必要なものをすべてもれなく用意しておきます。作業途中に「あれを資材置き場から取ってきて」とやると受講者の集中をとぎれさせてしまいます。集中できる作業環境づくりが必要です。道具としてコンピュータを利用する場合には、ファイルやフォルダの中身や構成も、全員分きちんと揃えておく必要があります。作業効率を最大にして効果的に仕事が進められるようにするためです。

② 教わるための受講者側の準備

まず受講者に余計な緊張感を与えないようにリラックスしてもらいます。これには話し方も重要になりますが、ユーモアを交えながら、どんな作業をこれからやるのかを話し、その作業について知っていること、知らないことを受講者に尋ねて話してもらいます。その過程でそれぞれの受講者の習熟度がだいたいわかり、それぞれにどのような態度で接すればよいかの見当がつく場合があります。

またこれから教える作業の意義をきちんと説明します。例えば自動車部品のボルトを締め付ける作業の場合なら、「この作業は地味に見えるかも知れないけれど、1つのボルトの締め付けが弱いとエンジントラブルが生じて人命に関わることになるので大事なプロセスなんだ」と強調して、作業を覚えなければ重大なリスクがあることに気づかせて、覚えなければいけない使命感をかき立てるようにすることが大事です。

またリスクを強調するよりも「(例えば介助用品に) この作業をすることによって、老人が転倒することを予防できる。老人の転倒事故は長期入院、寝たきりになるリスクを著しく増大させる。この作業は人生を豊かに送るために絶対必要な作業だ」というように社会的意義を強調する場合もありえます。このように、作業の意味を理解してもらい、関心を高めることが、覚えたいという意欲を高め、集中力を高めます。

③作業の説明・講師による実施

作業を説明する

実際の主な作業ステップを講師がまず口で言い、次にやって見せます。時には図解をしたり、手順を箇条書きにしたりしながら、誰にでも真似できるように教えていきます。

作業単位の「急所」を抽出して理解させる

それぞれの作業単位で「急所」となるポイントを抜き出し、なぜそこが重要なのか、そのポイントをクリアすることにどんな意味があるかを説明します。これが非常に重要なポイントです。まずこれをやり、次にこれをやり、……とただ教えていくだけでは、従業員は疑問を抱くこともなくそういうものかと淡々と作業を覚えます。それはそれで作業標準化に役に立ちますが、何か一つでも教わったことと異なる事象が生じたとき、ただ教えられたとおりの手順の作業を繰り返すのみで、異常に気づかなかったり、気づいても無視したりしがちになります。そうではなく、今やっている作業はなぜ、何のためにやるのかを理解して、その目的のために今とっている行動は正しいのか正しくないのかを、自分自身で判断できるようにしなければなりません。

「急所」がどこなのかの判断基準は二つです。一つは、**そのポイントをきちんと実行するか否かが仕事の成否に関わるかどうか**です。もう一つは、**仕事をやりやすくするために大切な、勘・コツ・手際・特別に必要な知識などである**ことです。この2条件に当てはまるポイントは、1つの作業ステップに複数あるかもしれません。それをわかっているのは熟練・ベテランの社員ですね。先ほど「講師側の準備作業」の一つとして「作業分解」を挙げましたが、そのときにこうした「急所」となるポイントを同時にまとめておくことをお勧めします。講師側はわかりきっているつもりかもしれませんが、このような準備作業をする間に、改めて作業の意味に気づくこともあります。

なお、これは製造プロセスに限った話ではありません。例えばあるホテルでは「チェックインを15時以降に設定していましたが、14時に到着したお客さまに対して「チェックインがまだできません」とロビーに待機させたりすることがありました。それはルールを守るという面では正解ですが、お客さまには不快な思いをさせてしまいますね。

この例でチェックインを15時以降にしていたのは、室内清掃がすべて終わる時間が15時だからという理由でした。それなら清掃が終わっている部屋もあるはずで、予定していた客室と違っていたとしても、一時的に他の清掃済み客室に案内することができるはずです。ルールに縛られた硬直した対応はやがてブランドイメージを損ないます。

現場にある程度の裁量権を持たせ、お客さまを満足させるという目的にかなった臨機応変の対応ができれば、「このホテルにしてよかった」と思ってもらえるはずです。その作業ルールがどういう意味をもっていて、目的にどのように貢献するものなのかを理解していれば、想定外の出来事があっても柔軟な対応ができます。

どのような現場でも、そうした柔軟性が求められる場面は頻繁にあります。自律的な組織をつくるには、**ごく小さな場面でも自分で考えて最善の行動がとれる能力が必要**です。ただその場合でも、よかれと思ってした行動が、別の目的のためには最善ではなかったということは起こりえます。ですから、作業それぞれの「急所」、**ここを間違えてはいけない部分を正確に理解しておく**ことが重要です。

その理解を促進するには、ただ説明するだけでなく、作業を分解したステップの一つひとつの「急所」を書き出し、そこが「急所」である理由を考えてもらうことが有効です。

No.	主なステップ	急所（キーポイント）	急所である理由
1	足を上げる（利き手と反対の足）	軸足でバランスよく立つ	ここで安定することがコントロールの変更につながる
2	1で上げた足を一歩前に踏み出す	大きく一歩前に踏み出す	前に踏み出した一歩でボールに勢いがつく
3	ひじを肩の高さまで上げる	肩の高さまでひじを上げ、上半身の力を抜く	ひじが低いとけがにつながる。上半身に力が入りすぎているとコントロールが安定しない
4	目標にねらいを定める	相手のグローブをしっかり見る	コントロールが安定する
6	胸を張る	ボールを体の前で離し、しっかり胸を張る	ボールの勢いがつく

図1　作業をステップに分解して「急所」を洗い出す
（ボール投げの例）

図1に、私が大手保険会社に勤務していた時代に同僚がつくった面白い事例を紹介しましょう。

これは、「ボールを投げる」動作を細かく分解したサンプルになっています。

このように、一見すると「想像すればわかるだろう」というようなことでも、詳しく、丹念に「急所」を説明することが肝心です。

なお、「急所」である理由については、受講者に考えてもらい、自分の言葉で記入し、発表して、参加者が互いにレビューをし合うことで、作業についての理解がいっそう深まります。

作業ステップを一つずつ言って聞かせてやって見せる

「急所」の説明は、先に全部を口で教えるのではなく、作業ステップごとに「急所」はここだ、とはっきり、ぬかりなく強調していくほうが有効です。

講師側に立つ人は、あまりにやり慣れていて何か説明する必要も感じないことかもしれませんが、それでも根気よく、初めて作業をした時のことを思い出しながら受講者に伝える必要があります。**作業の意味を理解することが、作業そのものを覚えることよりも重要**だと考えてください。なぜそれをやるのかがわかっていれば、ただ単純に作業を繰り返すだけの場合よりも作業ミスも少なくなります。

実際の作業実施は**合計3回**行います。1回めは、作業手順だけを**口で言いながら**作業を見せます。2回めは、「ここが急所です」と**ポイントを指摘しながら**作業します。3回めは「ここが急所である理由はこれこれです」と**理由を言いながら**作業します。

④受講者による仮作業の実施と講師による確認

言って聞かせ、やって見せたあとは、受講者にやらせてみます。この際には講師やアドバイザー役の社員がついて、その監視のもとで実行させます。合計4回、同じ作業を実施してもらいますが、その都度、講師側は異なる対応をします。

まず最初は受講者の作業を何も言わずに見守ります。受講生がそこで間違えた場合、間違いを指摘して指導します。

間違いなくできたら、もう一度同じことを、今度は作業手順を受講生が口に出して言ってからやるようにします。例えば「これからボルトを締め付けます」というように言わせて、やらせて、もちろん間違えたら指摘・指導します。

その次の1回は、「その作業の急所はどこか」と尋ねます。「ゆるみを防ぐために十分な締結力で締め付けますが、強く締め付けすぎないように気をつけます」というような答えが返ってくるでしょう。それが正解で手順に間違いがなければ次に進みます。間違えていたら訂正し、指導します。

最後の1回は、「その作業のその部分が急所である理由は何か」を尋ねます。受講者は「締め付けが弱いと緩みが発生して最悪の場合は脱落して事故につながります。締め付けが強すぎると材料が変形してかえって緩みを生じます」などと答えるでしょう。この答が正しければ、その作業をひとまず習得したと考えてよいでしょう。間違えていたら指摘・指導します。都合4回の作業を行い、講師側のチェックが済んだら終了です。

⑤本番作業の受講者による実施、講師などによるサポート

一通り作業ステップの伝授が終わったら、次は実際の作業（本番の仕事）について働いてもらいます。このときに講師は放置するのではなく、できるだけ質問をしてもらうように誘導します。「わからないこと、うまくいかないことがあったらそのまま進めず、私に聞いてください」という形でもいいですし、「この作業についてはキャリア10年のベテランの山田さんがなんでも知っています。わからないことは山田さんに聞いてください」というように、専門の人を紹介する方法もあります。

また質問がないからといって放置せず、受講者のところに行ってたびたびチェックする必要もあります。その過程でだんだん受講者のスキルが上がり、質問も出なくなり、チェックしても悪いところが見当たらなくなってきます。それに応じて指導頻度も少なくしていきます。そして間違いなくできるようになった受講者は必ず褒めてください。「よくできたね、これで一人前だ」でもいいですし、「その調子でやっていけば、来年には講師になれるぞ」でもいいですから、何か声をかけることを実践してください。山本五十六も「やってみせ、言って聞かせて、させてみて、ほめてやらねば、人は動かじ」

と言っていますね。まったくそのとおりだと思います。

こうして指導する必要がなくなったらその作業に関するトレーニングは終了です。わかりやすいようにボルトの締め付けの例などを挙げましたが、開発部門の訓練であれば例えば製品テストの手順などに置き換えて実施するとよいでしょうし、前述したように、**営業部門であれば、お客さまへの営業活動のロールプレイングにこの手法を取り入れる**とよいでしょう。

ともかく、ここに示したように、3回やって見せて、4回やらせてみるという実践的な教育方法をとれば、たいていの人は明らかにスキルが上がります。営業活動においても、このようなTWIを応用した実践的な訓練を導入することで、他社ではほとんど取り組まれていないスキルアップ訓練が実現します。

ここまでで売上や利益を倍増させる改善術は終了です。お疲れさまでした。ただ、これらの改善アプローチで得た収益を無駄にしないためには、会社の財政面をよくする取り組みも必要になります。これについて「終章」でご紹介します。

Step7 のチェックポイント

お疲れ様でした。これで一通りの改善計画は終了になります。以下に挙げるポイントがクリアできたかどうかチェックしてみてください。網かけ部分は必須項目です。これらをクリアできていれば、売上や利益の倍増ができる力がついています。

□	1 つの仕事でもよいので、TWI 方式による従業員トレーニングが実施できた。
□	従業員が仕事の急所を理解した。
□	従業員が標準的な作業手順を身につけた。
□	従業員が仕事の目的に応じて自分で考えて行動できるようになった。
□	従業員に新しい仕事、これまで経験したことのない仕事を教えることができた。
□	新しい仕事の手順を、従業員みずからがアイディアを出して実行したり、過去の手順をアレンジして実行したりするようになった。
□	自律的な仕事改善の提案が従業員から出てきた。

終章

会社のファイナンスの改善

売上と利益倍増のための7つのステップを知り、実践したあなたの会社には、これまでにない収益が入ってくるはずです。お金が入ってくると、私もそうですが、ついつい新しい賭けに出ようと思うのが経営者の常ですね。もちろんそれが経営の喜びでもあり、リスクをとる人が報われるのが資本主義のいいところです。

私も過去に何度も新しいことをしようとして投資をしてきましたが、ただ「勉強代」になっただけの投資も少なくありませんでした。そのうちに、会社の成長を望むなら、新しい賭けに出るより前に、今の会社の地盤をより固めて、財務的に強い会社をつくるほうが肝心だと気づきました。今では変化球がきてもうまく打てる体制を整えてこそ、新しい賭けに出られるのだと思っています。そのような意味で、ファイナンスの勘どころについて少々付言しておきたいと思います。

黒字でも倒産する企業が5割弱、キャッシュフローは健全に

特に小規模な会社では、例えば自然災害やコロナ禍のように、何か突発的な経済変動要因が生じると、その余波で一気に売上が急減することが起こりえます。それを念頭に、資金計画を練っておく必要があります。会社の維持・発展に必要なのは、すぐに現金化

できる預貯金です。キャッシュフローが滞り、仕入れ先などに支払いができなくなると、会社はたちまち存亡の危機に立たされることになります。

年間の倒産企業のおよそ5割近くの経営は黒字です。儲かっていても、現金が手元になければ倒産してしまうのです。ですから、まずは経営資金を潤沢に持つことを優先したいものです。

運営資金の余剰分の20パーセントを別々に投資する

大手企業は別ですが、私の会社のような中小企業の場合は、運営資金として確保しておくべき現金を利益から差し引いて、残りの利益の分配は次のような割合にすれば安定した資金計画ができるでしょう。

運営資金として確保する分を除いた利益（儲け）を100パーセントとすると、

・30パーセントは頑張った従業員に還元する。
・30パーセントはリスクを取ったオーナーや株主に還元する。
・40パーセントは会社を強くするために投資する。
・その40パーセントのうち半分は設備投資などの企業成長のために使う。

・その40パーセントの残り半分は安定した利回りが得られる投資に使う

こうすれば、従業員、オーナー、株主はそれぞれの利益を享受できますし、会社を強くすることもできます。ただし、企業成長のための投資はいわば「賭け」です。賭けに勝ち、うまく投資の回収をしたうえさらに売上・利益を上げていくことができれば素晴らしいですが、負けるリスクもあります。自己の余剰資金での投資ですからあまり大きなマイナスにはならないでしょうが、それでも無駄にお金を使うことになりますね。

私は、**リスクがなくて収益がそこそこの投資のほうが、リスクが大きくて収益が大きい投資よりも優れている**と考えています。地道に、着実に資金を増やしていけるやり方のほうが会社を維持・発展させられる可能性が高いからです。例えば余剰資金の40パーセントを投資して翌年には倍（80パーセント）になって返ってくる可能性がある投資対象よりも、20パーセントを投資してその倍額（40パーセント）が返ってくる投資のほうがお勧めできます。もし失敗しても、損失が少なくて済むからです。

なお、弊社の場合は上記の比率よりもそれぞれ少しずつ低くして、全体の10パーセントを社会貢献事業に投じています。社会的に役立つ慈善事業などに利益の10パーセントを使うのはキリスト教的な考え方なのかもしれませんが、従業員にも株主にも喜んで受け入れられています。自分の働きが、世の中の困っている人を支援するために使われてることがわかっていれば、働きがいもさらに出てくるというものです。

インカムゲインと節税効果に着目した不動産投資の例

さて、投資に使う40パーセントのうち、会社を強くするための投資に使う20パーセントを引いた残りの20パーセントを、何に投資するとよいでしょうか。これは「賭け」要素の少ない、安定したキャッシュフローが得られる投資対象に投資すべきです。

私の場合は、人口増加が続いているアメリカでの不動産投資に注目しています。同国での不動産の価格は安定しており、実際に私の収入は安定的に増えている状態になりました。アメリカに住んでいた経験がある人なら同国の不動産事情はおわかりかと思いますが、理解はしていても自分が住んでいるところ以外への投資となると、少し「賭け」要素が強くなってきます。どのような土地柄か知らないところへの投資は怖いですよね。

そうなるとやはりプロに頼みたいものです。私も会社に専門業者を呼び、いろいろと話をうかがいましたが、いくつか疑問が残りました。

・数年後に物件を売却するとして、その時の価格が確定していないのに利回りを示す。

・利回りのパーセンテージはそれほど多くない。
・修繕費用や家賃滞納などの場合の交渉コストがこちら持ち（リスクが残る）。

どういうことかというと、例えば2000万円の物件を買って、家賃が毎年200万円入る見込みだとすると利回りは10パーセントと計算されます。でも、5年後に物件を売った場合に1500万円にしかならなかったらどうでしょうか。5年で500万円、1年で100万円分の価値が減っていることになりますね。毎年の収入は、200万円から100万円を引いた100万円しかありません。ということは、利回りは5パーセントと勘定しなければなりません。もちろん将来の価格変動を正確に見越すことはできないと言われればそれまでですが、やはりそこには引っかかりました。

利回りが少ないという点は、その頃の時代性もあるのでしょうが、むしろ物件購入による節税効果がセールス側のキーワードになっていたので、そのような物件を勧められたのかもしれません。節税にも興味はありましたが、私としてはそれより家賃収入でしっかり利益を出すほうが健全だと感じました。

また、自然災害を受けた場合の修繕費用や家賃対応などのリスクをこちらが負う形になることも気になりました。自分がその土地に常にいるのならまだしも、現地の状況がすぐにわからない状況では、ちょっとリスクが高いと思いました。

もうお気づきかもしれませんが、私はこの投資案件について、まさに本書ステップ1の「ムダを発見し、削減しよう」の実践をしていたわけです。この時には、私一人の資金で私一人の考えで行う投資でしたらから、ステップ2〜4をスキップし、ステップ5の「お客さまの問題を発見する」が次の課題になりました。

知人の経営者などにアンケートをお願いしたり、インタビューしたりして、ある程度問題の定義ができるようになりました。その結果、次の三つの問題が解決できれば、面白い不動産関係の商品を自社で開発できるのではないかと思い始めたのです。
・出口（不動産の売却）が心配。
・投資するならそこそこのリターンが欲しい。
・本業に時間を取られているので、リスクは負いたくないし、時間もかけたくない。
これらの問題の解決のために、いろいろ調べたり、業者と交渉したりした結果、私と同じような中小企業の社長が抱えているファイナンスの悩みへの答えが見いだせたと感じました。元保険会社社員ですから、問題やリスクは回避したり保険を賭けたりすることで何とかなるという確信を持っていましたので、自分で考えたリスク、人から聞いたリスクをすべて書き出して並べてみました。その一つひとつに対して回避か、保険かと自分に問いかけていくと、気づいたらほとんどのリスクに答えがありました。

ここではそのすべてを述べませんが、その中で友人から一番画期的だと言われたリスク対処法は、海外不動産を「買い取り契約付きで購入」するという考え方でした。物件を購入する前に、数年後に自分から同物件を買い取るところ（人でも組織でも）を見つけ、買い取り契約を結んでから購入する方法です。

図1に見るように、4年から7年後に売却するまでの間は所有不動産の減価償却ができますから、その部分に節税効果が生まれます。物件が将来売れないと大きなリスクを背負いますが、例えば経年劣化を見込んで96パーセントの価格で買い取ってもらえる契約にしておけば、こちらにリスクはほとんどありません。これなら、数年後の売却価格が確定できてわかりやすいですね。

買い取り先はアメリカのファンドなどになりますから、彼らと交渉していきました。最初はなかなか応じてくれませんでしたが、そこはプロの私です。やがて買い取り契約を次々に結べるようになりました。

その考え方で、私の会社は毎年数件のアメリカ不動産物件を購入しています。買い取

契約内容
① 預けたお金で米国不動産を購入
② リスクを第三者に負わせ、**4～5パーセントの使用料**を確保
③ 4～7年後に**96パーセントで買い取ってもらう**

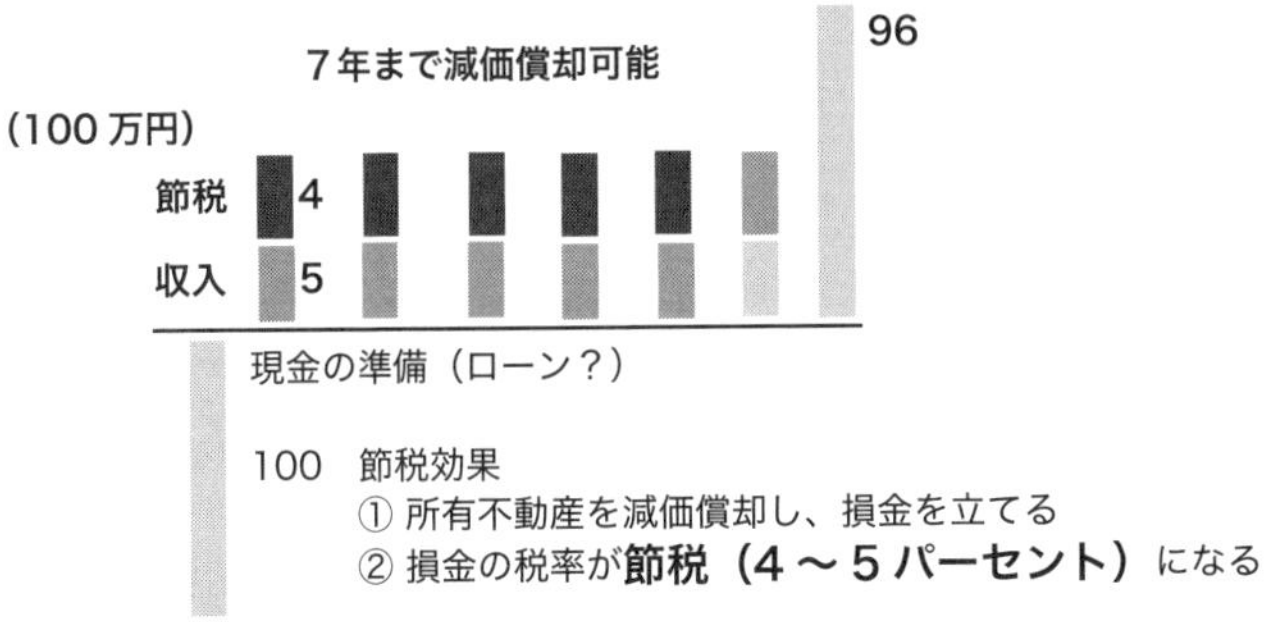

図1　海外不動産を買い取り契約付きで購入してリスク回避

る側からは半年に一度送金があるのですが、それを見るたびに「ああ、冒険しないで買ってよかった！」と感じています。現在ではうれしいことに、友人の経営者からも同様の不動産投資をしたいと相談されるようになり、より深い関係が生まれており、うれしいかぎりです。

弊社のファイナンス改善例を紹介しましたが、リスクをなるべく避ける形で収入・利益を得るような投資術は、特に中小以下の規模の会社では基本的な資金力をつけるために大事なことだと思います。ぜひ、自社に最適な、何らかのファイナンス強化策を考えてみてください。

あとがき

最後までお読みいただき、誠にありがとうございます。

本書で紹介した7つのステップはひとつながりのもので、**順番どおりに進めないとうまくいかない**ことにお気づきのことと思います。まずは自社の社内の業務整理と「見える化」を実行し、望ましい文化を浸透させることが必要です。それがないとお客さま理解に進めません。お客さま理解ができたつもりでも、本音の部分での課題を正しく捉えられないと、営業を強化することができません。さらに新しい課題への対応や現場スキル開発、人材育成を進めるには、段階的に少しずつでも改善していく努力が必要です。こうした自社内の見直しから未来に向けた人材開発までのひと通りの改善ステップを着実に踏むことが、ＭＡＫＯＴＯ流の業務と組織の改善術なのです。

さて、82ページで「リーン」と「アジャイル」というキーワードを紹介しましたが、リーンとアジャイルのどちらも、製品を早期に世に出し、改良・改善を繰り返してよりよい製品に仕上げていこうという目的をもつ点で共通しています。リーンは顧客からの反応を重視するのに対し、アジャイルは製品開発のスピードを重視しているのがその違いだと考えればよいかもしれません。変化のスピードがあまりに速くなった世の中で企業が生き残り、成長するためには、変化のスピードに対応する経営モデルや開発モデルがなければいけません。世界を席巻しているGAFAはいずれも、そう自称するかどうかはともかく、経営はリーンであり、開発はアジャイルです。

GAFAの成功には、市場の変化スピードに追随する情報インフラの整備や人材採用・登用の仕組みが深く関わっていますが、最も主要なポイントは、彼らが世の中のトレンドを先読みし、その読みを信じて銀行や投資家から資金を集め、莫大な先行投資をしてきたということです。お客さまが本音で求めてきたことを、他の誰よりも先に理解し、それに答えるためのサービスや製品をひたすら提供してきたことが、現在のような成長をもたらしました。ある意味では、お客さまである企業や消費者が自分では気づいてもいなかった、内面に潜んでいた欲や希望を、GAFAは引きずり出したとも言えるでしょう。現在では、彼らのやり方がビジネス成功の手本とされ、世界中で模倣されています。日本の中小・中堅企業でも、リーンやアジャイルというキーワードで表されるような先進的な行動をとるスタートアップ企業は続々と生まれ、成功を遂げています。なかなか世界市場に打って出られるようなスピード感がないのは残念ですが、それでも既存の日本の大企業が成し遂げていない急成長を見せる企業があります。

本書では業務改善のステップとして、日本の中小・中堅企業が実行しやすい行動をまとめましたが、リーン経営、アジャイル開発との共通性を多分に含んでいることにお気づきなのではないかと思います。組織が自律的に成長を遂げていくための必須要素がここに詰め込まれています。本書のステップは現在の日本企業の収益を改善するための施策であるとともに、現在および将来に向けた、最新の経営モデル・開発モデル・組織モデルに合致するベースを築くものだと自負しています。

社会に喜ばれる価値を提供し、お客さまも従業員も幸せになれる事業を展開していくという面においては、どんな小さな会社でもGAFAに比肩でき、また勝つことができると確信しています。また、繰り返し書いているとおり、ほんの少しの改善が積み重なれば大きな効果を生みます。改善は「dcaPDCAサイクル」で推進していくべきもの。まずは取り組みを始めて、一度サイクルを完了したら、次のサイクルへと踏み出して、企業成長を目指していただきたいと願っています。

ブラッド・シュミット

著者プロフィール

ブラッド・シュミット
Brad Schmidt
株式会社 Makoto Investments
代表取締役

1973 年（昭和 48 年）4 月、北海道でキリスト教宣教師の家庭に生まれる。高校 3 年生までに転校 8 回、4 ヵ国で教育を受け、カナダの大学在学中に日本流「カイゼン」思想の薫陶を受けてコンサルタントを志す。1998 年に友人とともに最初の会社（ゲンバリサーチ）を起業、2006 年同社日本法人設立。大手グローバル保険会社日本法人の役員を兼任するなど日本の会社の経営および現場の知見と改善ノウハウをさらに蓄積、2013 年に Makoto Investments と社名変更、現在は同社代表取締役として活動中。

23 年のコンサルタント歴を通し、『数字とスマイル』を約束する業務改善コンサルティングにこだわり、日本および世界各国で徹底した現場主義の業務改善に取り組んできた。大企業から中小企業までさまざまな規模・業種・業態の会社の課題解決、業績改善に多くの実績がある。現場に笑顔を広げ、企業の利益を拡大する「全体最適」視点での改善が信条。

10%の奇跡 小さな企業でもGAFAに勝てる7つのステップ

2021年7月15日　初版第1刷発行
著　者：ブラッド・シュミット
発行者：晴山陽一
発行所：晴山書店
〒173-0004　東京都板橋区板橋2-28-8　コーシンビル4階
TEL　03-3964-5666／FAX 03-3964-4569
URL　http://hareyama-shoten.jp/
発　売：サンクチュアリ出版
〒113-0023　東京都文京区向丘2-14-9
TEL　03-5834-2507／FAX 03-5834-2508
URL　https://www.sanctuarybooks.jp/
印刷所：恒信印刷株式会社

ISBN978-4-8014-9404-6